LA
CAPITULATION DE LAON

(9 SEPTEMBRE 1870)

PAR

Pierre LEHAUTCOURT

Extrait de la *Revue historique,*
Tome CII, année 1909.

(Les tirages à part ne peuvent être mis en vente.)

PARIS

1909

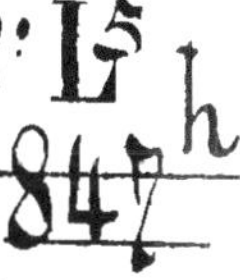

LA
CAPITULATION DE LAON

(9 SEPTEMBRE 1870)

PAR

Pierre LEHAUTCOURT

Extrait de la *Revue historique*,
Tome CII, année 1909.

(Les tirages à part ne peuvent être mis en vente.)

PARIS

1909

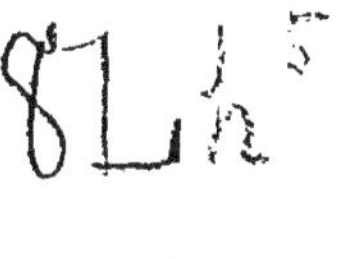

LA CAPITULATION DE LAON

(9 SEPTEMBRE 1870).

Parmi les places fortes qui, en 1870, ont ouvert leurs portes à l'envahisseur, plusieurs étaient si mal défendues, ou du moins pourvues de moyens de défense si insuffisants, qu'elles durent se rendre à la cavalerie allemande. Laon est de ce nombre. Des documents inédits, obligeamment communiqués par la famille du général Théremin d'Hame, nous ont donné l'occasion de revoir et de contrôler les récits français et étrangers des faits qui provoquèrent cette capitulation. Il en est résulté le travail qui suit. Bien que l'importance militaire de ces événements soit minime, ils ont leur intérêt, parce qu'ils mettent en lumière la psychologie de certaines de nos populations au mois de septembre 1870. C'est ainsi que le commandement local, énergiquement soutenu par un préfet courageux, ne parvint pas à triompher de l'inertie des habitants et de l'ingérence déprimante des autorités municipales. D'autre part, l'incohérence des ordres venus de Paris emporte avec elle une double leçon : c'est avant tout la condamnation du régime antérieur à 1870 qui confiait la défense du pays seulement à une armée de professionnels et entretenait la masse de la nation dans l'idée que le devoir militaire lui était étranger. C'est aussi la condamnation de l'un de nos travers nationaux les plus invétérés : la facilité à se payer de mots, de croire parer aux nécessités les plus urgentes par des phrases auxquelles ne correspond aucun moyen matériel.

*
* *

Dans le département de l'Aisne, comme dans le reste de la France, la double défaite de Frœschwiller et de Spicheren (6 août 1870) provoque une émotion intense. Elle se traduit, tout d'abord,

par des velléités d'action plutôt que par des actes positifs. Les
autorités administratives sont d'accord pour déclarer que « le
patriotisme est ardent » ; que les habitants manifestent « l'élan le
plus vigoureux ». Pratiquement, « on parle d'organiser un corps
franc…, on presse l'organisation de la mobile »[1]. Mais cette activité est de pure surface, parce qu'elle est le fait des représentants locaux du gouvernement impérial et non de la masse de la
population.

D'ailleurs, les places du département, Laon, Soissons, La Fère,
Guise, sont à peu près sans garnison. Il n'y reste guère que des
gardes mobiles qui sont loin de constituer une force sérieuse.
Ainsi, le préfet de l'Aisne, M. Ferrand, télégraphie au ministre
de l'Intérieur : « Ne serait-il pas possible de mettre immédiatement en œuvre la garde mobile du département de l'Aisne? Les
cadres des sous-officiers sont incomplets, mais les dispositions de
tous excellentes. Il faudrait faire adresser immédiatement à l'autorité militaire des ordres, des armes et des habits[2]. »

Accablé sous des coups qu'il était loin de prévoir, le cabinet
Ollivier a recours aux phrases creuses : « … Que le peuple entier
se lève frémissant, dévoué pour soutenir le grand combat!…
A l'audace, momentanément heureuse, opposons la ténacité qui
dompte le destin ; replions-nous sur nous-mêmes et que nos enva-
hisseurs se heurtent contre un rempart invincible de poitrines
humaines! — Comme en 1792 et comme à Sébastopol, que nos
revers ne soient que l'école de nos victoires!… Debout donc,
debout!…[3]. »

1. Le sous-préfet de Saint-Quentin au préfet de l'Aisne, 7 août, 5 heures 37
du matin ; le préfet au sous-préfet de Saint-Quentin, 7 août, sans heure, dans
Gustave Dupont, *l'Explosion de la citadelle de Laon ; épisode de l'invasion
allemande, 1870*, avec pièces justificatives inédites (Caen, Le Blanc-Hardel,
1877, p. 120, 121). L'auteur de cette plaquette, conseiller à la Cour de Caen,
paraît avoir été l'un des amis personnels du préfet de l'Aisne, ce qui explique
le rôle prépondérant joué par celui-ci dans *l'Explosion de la citadelle de Laon*.

2. Le préfet de l'Aisne au ministre de l'Intérieur, 7 août, 1 heure 10 du soir
(*Revue d'histoire rédigée à l'État-major de l'armée*, 1907, t. II, p. 209).
A 4 heures 30 du soir, le ministre répond : « J'appelle l'attention du ministre
de la Guerre sur votre dépêche » (G. Dupont, p. 123). — Le préfet de l'Aisne,
M. Ferrand, était fonctionnaire depuis plus de vingt ans ; l'un des premiers
préfets de la Haute-Savoie (G. Dupont, p. 16), il sut faire aimer et estimer le
nouveau gouvernement « par son caractère élevé et conciliant, son expérience
des affaires, la dignité de sa vie privée et sa profonde honnêteté » (*Ibid.*).

3. Ministre Intérieur à préfets, sous-préfets et gouverneur général de l'Algé-

De même, le préfet de l'Aisne adresse à la population un appel
qui sera très imparfaitement entendu : « ... Que tous les concours,
toutes les forces se réunissent! Que la garde nationale se dispose
à répondre au premier appel! Qu'il s'organise des corps de francs-
tireurs, des compagnies de garde nationale! Le département est
au poste d'honneur. Soyons prêts à nous lever tous, à seconder,
pour le salut de la France, l'armée et l'empereur[1]. » Autant de
mots à peu près inutiles. Le gouvernement impérial n'est évidemment pas qualifié pour faire appel au dévouement de tous,
après avoir engagé le pays dans une aussi périlleuse aventure,
sans avoir rien prévu de ses conséquences.

Cependant l'Aisne est mis en état de siège en même temps
que les autres départements des 1re, 3e, 4e et 7e divisions militaires[2]. Puis, le 13 août, un décret déclare en état de guerre
La Fère, Soissons et Rocroy[3], tout en négligeant Laon, plus
immédiatement menacé que ces trois places. La position défensive de cette ville est pourtant admirable[4]. Elle s'élève sur un
mamelon entièrement isolé qui domine d'environ quatre-vingt-
dix mètres la plaine avoisinante. Il est couronné par un étroit
plateau à trois branches, limité de tous côtés par des pentes
raides. Les hauteurs les plus rapprochées sont à quatre ou cinq
kilomètres au sud et à l'ouest; la ville commande entièrement les
autres directions.

Elle est ainsi jetée comme une sentinelle perdue en avant des
plateaux du Soissonnais, dont son canon garde les approches
vers le nord-est. Par le massif peu praticable de la forêt de
Saint-Gobain, cette place se relie à La Fère. Conjointement avec
cette dernière, elle peut barrer la vallée de l'Oise, l'un des grands
chemins d'Allemagne en France. Elle est sur le passage obligé
d'une armée qui se rend de la vallée de la Marne dans celles de
la Somme et de l'Escaut. C'est aussi un nœud de routes et de

rie, dép. télégr., 8 août, 6 heures 40 du soir (*Journal officiel* du 9 août 1870).
Cette circulaire est signée de tous les ministres. Il est à noter qu'elle ne fait
pas même mention de l'empereur et de l'impératrice.

1. Adressé aux habitants de l'Aisne, à la date du 7 août, pour leur commu-
niquer une proclamation reproduite par le *Journal officiel* du 8 août 1870
(G. Dupont, p. 126).

2. Le 8 août (*Revue d'histoire rédigée à l'État-major*, 1907, t. II, p. 170).

3. *Ibid.*, 1907, t. II, p. 171.

4. Général Vinoy, *Siège de Paris*, p. 90.

voies ferrées reliant le nord et l'est à Paris. Par sa situation, comme par la configuration de ses environs, Laon constitue donc un, point de la première importance.

Le rôle de cette petite ville a été considérable dans l'histoire de notre pays. D'après Devismes[1], elle a subi trente et un sièges. Au moyen âge, la lutte de ses habitants pour la défense de leur charte communale dura plus d'un siècle[2]. On se souvient qu'en 1814, après sa sanglante et inutile victoire de Craonne, Napoléon vint s'y heurter aux coalisés, sans pouvoir triompher de leur résistance. En 1815, elle n'ouvrit ses portes aux Prussiens que sur l'ordre exprès de Louis XVIII. Elle a donc un long passé de gloire militaire et de fortes traditions d'indépendance locale.

Malheureusement, en 1870, presque rien n'a été fait pour en organiser la défense. La place de Laon est déclassée depuis le 23 mars 1866[3]. Elle est néanmoins à peu près entourée d'un mur, mais d'un mur nu sur toute sa hauteur, « d'un mur qui a depuis longtemps égrené son ciment à ses pieds et, en maints endroits, ne tient plus que par habitude, mur pittoresque que l'eau noircit et que la mousse verdit, mur archéologique où alternent, sans rime ni raison, la tour ronde et la tour carrée, aussi solides l'une que l'autre, et qui s'écrouleraient au premier sifflement de l'obus »[4]. La seule défense sérieuse de Laon est la citadelle bastionnée, dont les vues sont très étendues au nord-est. Mais elle ne saurait protéger tout le plateau laonnais, dont la forme à trois pointes peut être comparée à celle de la Sicile. C'est

1. Devismes, *Histoire de la ville de Laon* (Laon, 1822, 2 vol. in-8°).
2. G. Dupont, *op. cit.*, p. 13.
3. Depuis le 23 mai 1860, d'après une autre source.
4. Ernest Lavisse, *l'Invasion dans le département de l'Aisne* (Laon, de Coquet, 1872; extr. de la *Revue des Deux-Mondes*), p. 24. L'auteur de cette plaquette, l'académicien bien connu, est, comme on sait, originaire d'Origny-en-Thiérache (Aisne). L'état des défenses de Laon est suffisamment expliqué par la note suivante, rédigée par le Comité des fortifications en 1867 : « En résumé, les crédits ouverts au budget tant ordinaire qu'extraordinaire pour les fortifications, crédits qui ont été toujours en diminuant pendant ces dernières années, sont à peine suffisants pour les travaux les plus indispensables d'entretien, pour la continuation lente d'une partie des ouvrages neufs en cours d'exécution et pour un très faible commencement de ces améliorations qu'il serait urgent d'apporter à nos places fortes... » (*Revue d'histoire*, 1907, t. IV, p. 491).

sur celle de l'est que se dresse la citadelle, tandis que sur le promontoire de l'ouest tournent pacifiquement les ailes d'un moulin à vent. Un grand ouvrage de campagne, inachevé, garnit l'extrémité de l'éperon sud.

Sans doute, les approches de la citadelle sont difficiles vers l'est, à cause de son commandement sur la plaine. Mais, du côté de la ville, à peine séparée d'elle par une petite esplanade, le voisinage des maisons et de la cathédrale constitue une cause grave de faiblesse. Des habitations s'élèvent, en effet, à vingt ou vingt-cinq mètres des fossés et commandent les remparts. Les quatre tours de la cathédrale, plus éloignées, les dominent encore davantage. Il en résulte que la défense de la ville et de la citadelle sont liées indissolublement[1]. Pour donner à cette dernière une certaine indépendance, il faudrait raser ses abords immédiats vers l'ouest et l'on en est loin en 1870. L'organisation défensive de la citadelle n'est même pas achevée; ses embrasures ne sont pas gabionnées[2]. Elle est armée de vingt-cinq pièces de divers calibres[3], dont très peu rayées.

Contrairement à ce que l'on croit en général, il n'y a pas de troupes régulières à Laon[4]. Un petit détachement du 55e, qui y était resté, en est parti pour Soissons dans le courant du mois d'août. Il n'y a pas un fantassin, pas un artilleur. Tout le personnel disponible se borne à un capitaine du génie que le général Vinoy doit emmener avec lui le 6 septembre, un garde d'artillerie et un garde du génie. Le 2e bataillon des mobiles de l'Aisne, recruté dans l'arrondissement même de Laon, vient d'être convoqué le 8 août. Sans cadres sérieux, sans uniforme autre qu'un képi et une blouse bleue dont les manches sont garnies d'une croix rouge de Saint-André, sans aucun équipement, ces gardes nationaux constituent une force purement illusoire. Quelques-uns n'ont même pas de souliers, et l'on ne sait pas leur en procurer[5].

---

1. Notes inédites du général Théremin d'Hame, écrites à l'hôpital de Laon.

2. Notes inédites du général Théremin d'Hame.

3. *État-major prussien*. G. Dupont écrit même (p. 18) : treize canons, dont dix « en mauvais état ». Il y aurait, à l'en croire, peu de munitions, peu d'approvisionnements et peu d'eau. L'État-major prussien indique au contraire dans sa relation de gros approvisionnements de poudre.

4. Dans ses notes inédites, le général Théremin d'Hame le répète à plusieurs reprises.

5. Lettre inédite du général Théremin d'Hame à sa femme, 14 septembre.

Une batterie à pied de mobiles de l'Aisne n'est pas moins inexpérimentée.

Dès le 4 août, le préfet télégraphiait au ministre de l'Intérieur : « La première mesure à prendre dans l'Aisne et dans toute la France pour la mobile, c'est de ne pas la laisser dans le département où elle a été formée[1]. » Ce sage avis n'est pas écouté et, à Laon comme en beaucoup d'autres points, le résultat est déplorable. Les gardes mobiles sont démoralisés par leurs familles, qui viennent les voir constamment, par leurs amis ou leurs connaissances de la ville[2]. Au lieu de gagner en solidité à mesure que la situation s'aggrave, cette troupe novice devient plus inconsistante. Tous les moyens lui sont bons pour esquiver les obligations du service, jusqu'à la désertion pure et simple, et cette situation n'a rien de particulier au département de l'Aisne. Le 2 septembre, le général Berthaut écrit au gouverneur de Paris, au sujet des mobiles de la Seine :

... Les effectifs de la garde nationale mobile fondent à vue d'œil ; aujourd'hui encore, j'ai transmis au ministre de la Guerre une douzaine de certificats nº 5 concernant des soi-disant soutiens de famille. L'expression du désir de se soustraire à l'impôt du sang, au devoir de repousser l'invasion revêt les formes les plus variées et les plus ingénieuses. Tout le monde semble vouloir travailler, soit dans les bureaux de l'intendance, soit dans ceux du génie. Aujourd'hui, les congrégations religieuses veulent détourner de leur devoir des jeunes gens de vingt à vingt-cinq ans, sous le prétexte de soigner les blessés. Le soin doit en être laissé aux femmes et non à des hommes vigoureux, dont le premier devoir est de repousser l'ennemi...[3].

Ainsi que mille autres documents, ce fragment montre combien, en 1870, le sens du dévouement au bien général est peu répandu dans l'ensemble de nos populations, combien les intérêts

---

1. *Revue d'histoire*, 1907, t. II, p. 208.

2. « On avait eu tort de ne pas les éloigner de leur pays, ils étaient démoralisés par les familles de leur village qui venaient assister au tirage au sort, rencontrant leurs familles les jours de marché, leurs femmes venant s'installer près d'eux à Laon. Ces hommes étaient travaillés par leurs parents et par l'habitant où ils étaient logés, se nourrissant dans les cabarets où on ne pouvait que difficilement les rassembler pour les exercices. Ce n'est que dans les derniers jours que j'ai pu les réunir et leur faire faire ordinaire » (Notes inédites du général Théremin d'Hame).

3. *Revue d'histoire*, 1907, t. II, p. 425.

particuliers triomphent aisément des obligations les plus positives.

La garde nationale sédentaire de Laon, 900 hommes environ, est encore moins susceptible de combattre que ces mobiles. Un détail indique assez les dispositions des habitants. Le 15 août, le gouvernement impérial, aux abois, a la singulière idée d'appeler les pompiers de province à la défense de Paris. Cet ordre à peine donné, on se rend compte de son absurdité et, après avoir arrêté partiellement la mise en route dès le 16, on ordonne le 17 de renvoyer chez eux ces défenseurs improvisés[1]. S'ils sont assez nombreux à Saint-Quentin, à Vervins et dans beaucoup de petits centres, il n'en va pas de même au chef-lieu, qui n'a envoyé à Paris que le commandant et trois de ses pompiers[2].

Le 17 août, cette bizarre expérience n'est pas encore terminée que le préfet de l'Aisne télégraphie au ministre de la Guerre :

Les sept bataillons[3] (9,000 hommes) sont armés ; ils ne seront équipés que dans quelques jours ; j'espère pouvoir leur procurer la plupart des effets d'équipement, blouses, cravates, képis, ceinturons et cartouchières. Un délai de huit jours au moins semble nécessaire pour que ces bataillons puissent être mis en marche[4].

* * *

Sur ces entrefaites, le général Théremin d'Hame est appelé au commandement de la subdivision de l'Aisne. Il arrive à Laon le 22 août[5]. Né à Trèves en 1806, d'une famille protestante que l'Édit de Nantes obligea de se disperser et qui compte des membres en Allemagne, en Suisse et en Russie, ancien officier d'infanterie, ensuite passé dans la cavalerie, le général était depuis un an au cadre de réserve et habitait sa propriété de

1. *Revue d'histoire*, 1907, t. II, p. 429 : le ministre de la Guerre au général commandant la 1re division, 15 août ; le ministre de l'Intérieur aux préfets, dép. télégr., 16 août, 6 heures 55 du matin ; le même aux mêmes, 17 août, 9 heures 35 du matin ; le ministre de la Guerre au gouverneur de Paris, 20 août.

2. G. Dupont, p. 38, porte par erreur cet incident au 30 août.

3. De mobiles de l'Aisne.

4. *Revue d'histoire*, 1907, t. II, p. 219.

5. D'après G. Dupont (*op. cit.*), le général aurait, dès le 20 août, réuni le Comité départemental de défense. Mais il résulte de deux lettres de sa fille, Mme Le Levreur, en date des 31 août et 17 septembre 1907, et aussi de l'étude déjà citée de M. Ernest Lavisse, p. 27, que le général arriva seulement le 22 août.

Bruyères aux environs de Laon. Dès le début de la guerre, il demanda son rappel à l'activité et reçut le 22 août l'avis de sa nomination à la subdivision de l'Aisne, commandement qu'il avait exercé pendant deux ans déjà[1]. Il était donc aussi bien préparé à sa tâche que le permettaient nos idées d'alors.

Son premier soin en arrivant à Laon est de convoquer le comité de défense, récemment institué dans chaque département. Il croit même devoir y appeler le préfet et le maire du chef-lieu, qui n'en font pas partie, donnant ainsi l'exemple d'un esprit de conciliation dont il sera bien mal récompensé.

Ce conseil décide que la ville et la citadelle peuvent et doivent être mises en état de défense, de manière à faire face à deux éventualités : repousser une reconnaissance ou un coup de main de la cavalerie allemande; servir de point d'appui à une fraction de nos troupes[2]. Notre ambition est modeste, on le voit, mais elle est limitée par l'état des défenses et de la garnison.

Dans cette même réunion, on arrête un programme de travaux à exécuter aux abords de la ville. Ils se bornent à quelques coupures sur les principales voies d'accès, à la fermeture des portes qu'il faut assurer. Le tout doit être terminé avant deux jours, sous la direction de l'ingénieur ordinaire des ponts et chaussées et de l'agent voyer en chef[3]. On recherchera des moyens d'obstruction, tels que voitures, tonneaux, etc., que l'on aurait sous la main au dernier moment.

Au cas où un parti de cavalerie serait annoncé, les autorités civiles et militaires se réuniraient à l'hôtel de ville et y resteraient en permanence. Au rappel battu sur l'ordre du général, la garde

---

1. G. Dupont, *op. cit.*, p. 15; lettres de Mme Le Levreur citées. Le général avait été au camp de Châlons pour y voir son second fils, revenant de Wissembourg et de Frœschwiller, après s'être engagé à dix-huit ans, six mois auparavant. Le 21, en rentrant à Bruyères, il y trouvait un télégramme l'invitant à ne pas se rendre au commandement qui lui avait été donné. Or, il n'avait rien reçu et seul le contre-ordre était arrivé. C'est le 22 seulement qu'il eut l'ordre de se rendre à Laon.

2. G. Dupont, *op. cit.*, p. 19.

3. « 1° Achever la coupure de la préfecture; 2° [faire] une seconde coupure semblable à la jonction des deux routes qui mènent à la porte d'Ardon; 3° déboucher le fossé qui se trouve en face de la porte de Soissons; 4° faire une coupure en arrière de la rampe qui mène à Saint-Marcel; 5° palissader l'entrée de Chenezelles sur la promenade Saint-Jean » (G. Dupont, p. 126). Cette note paraît reproduire les décisions mêmes du comité.

nationale se rassemblerait sur la place. En même temps, l'ingénieur et l'agent voyer feraient fermer et obstruer les portes sous leur surveillance personnelle; ils en rendraient compte à l'autorité militaire[1].

On voit que le rôle des fonctionnaires civils est considérable dans l'exécution de ce programme. Il ne peut en être autrement, faute de ressources[2]. Le général Théremin d'Hame croit avec raison que la défense de Laon serait impossible sans le concours de la population. Son caractère conciliant et le souci de la défense sont d'accord pour lui conseiller de ne heurter ni les intérêts ni les idées des habitants, tâche malaisée en pareille occurrence.

Il a envoyé au maire, M. Vinchon, une lettre requérant les autorités civiles d'assurer la fermeture des issues donnant accès dans la ville, de couper la route d'Ardon au moyen d'une tranchée et d'y établir des ponts volants. Il les informe en même temps que les portes devront être fermées dorénavant à neuf heures[3]. Quoique ces travaux doivent entraîner des dépenses peu importantes, le maire juge à propos de soumettre au Conseil municipal la demande du général. Dès le premier abord, elle provoque une opposition à peine dissimulée. Sans rien objecter au principe des défenses projetées, le Conseil émet les vœux ci-après, que le maire est chargé de transmettre à l'autorité militaire : le rétablissement des portes et la création de nouveaux travaux de défense devraient rester à la charge du budget de la Guerre, ces dépenses paraissant nécessitées par des considérations d'intérêt général plutôt que par les besoins mêmes de la ville. Celle-ci ne pourrait, « sans le concours d'une force militaire suffisante, songer à se mettre en état de défense », dans l'état où sont actuellement ses fortifications.

D'autre part, le Conseil demande que, si les portes doivent être fermées à neuf heures, il soit loisible à tout citoyen de la ville ou des faubourgs de les faire ouvrir après avoir été reconnu

1. G. Dupont, *op. cit.*, p. 126.

2. M. Ernest Lavisse rappelle (*op. cit.*, p. 27) que le général n'a pas même un officier d'ordonnance à sa disposition. Le seul officier de l'armée active existant à Laon en dehors de lui est le capitaine du génie Vauthier, qui partira le 6 septembre.

3. Voir le texte de cette lettre dans un extrait des Délibérations du Conseil municipal, séance du 22 août 1870, cité par G. Dupont, *op. cit.*, p. 129. La route d'Ardon est celle qui va au sud-est.

par la garde, ce qui supprimerait, ou peu s'en faut, le bénéfice de cette fermeture[1]. Partiellement justifiés quant au fond, ces vœux n'en révèlent pas moins, de la part de la municipalité, très peu de désir de participer aux charges d'une défense éventuelle. Pourtant la situation s'aggrave, à en juger par les recommandations que le ministre de l'Intérieur adresse aux préfets des dix-sept départements du nord : « Tenez tant que vous pourrez devant l'ennemi et retardez sa marche par tous les moyens possibles. Si vous étiez menacé d'être pris, repliez-vous en arrière; laissez aux maires le soin de diriger les populations et de soutenir leur moral[2]. » Comment se conformer à ces instructions, sans armes, sans munitions[3], sans l'intervention active de la masse des habitants? D'ailleurs, c'est se leurrer volontairement que de prétendre confier aux maires le soin de diriger la résistance. Dans l'immense majorité des cas, ces magistrats municipaux n'ont d'autre désir que de la paralyser, par crainte des représailles de l'ennemi, et cette crainte n'est pas dictée uniquement par des soucis personnels.

Le ministère s'en rend compte sans doute, car, le 25 août, il envoie aux préfets des six départements les plus menacés des recommandations moins belliqueuses : « Quand vous savez que l'ennemi s'avance dans une direction, prévenez le plus rapidement possible les populations, afin qu'elles puissent s'opposer à sa marche ou, si c'est impossible, essayer de sauver les récoltes du village[4]. »

Entre-temps, l'armée de Châlons a entamé le fatal mouvement qui doit la conduire à Sedan. Les armées du prince royal de Prusse et du prince royal de Saxe ignorent tout d'abord cette

---

1. Extrait des Délibérations du Conseil municipal (G. Dupont, p. 129-130).

2. Dép. télégr. chiffrée, 23 août, 2 heures 45 du soir (G. Dupont, p. 130).

3. D'un tableau en date du 23 août, reproduit par G. Dupont (*op. cit.*, p. 128), il résulte que, avant la loi du 12 août 1870, il y avait dans l'Aisne 8,525 fusils destinés aux pompiers et à la garde nationale. Depuis, 15,480 fusils ont été expédiés par l'administration de la guerre, ce qui porte leur total à 24,005. Il peut y avoir 65,000 à 70,000 gardes nationaux dans l'Aisne. En admettant un effectif de 68,000, il faudrait 43,995 fusils et un total correspondant de cartouches, à raison de trente-six par fusil. — La loi du 12 août 1870 est relative au rétablissement de la garde nationale, supprimée en fait dans une grande partie de la France par le second Empire.

4. Dép. télégr., 25 août, 12 heures 15 du matin (G. Dupont, p. 131).

marche si dangereuse et se montrent disposées à continuer sur
Reims et Épernay[1]. Le département de l'Aisne étant directement
menacé, Laon et Soissons semblent devoir se mettre immédiatement en mesure de résister à l'ennemi. Le préfet, M. Ferrand, en
rend compte, ajoutant :

... A Laon, nous hâtons les dispositions pour être à l'abri d'un coup
de main de cavalerie. Nous avons un bataillon de mobiles pas encore
exercé au feu; aucun homme d'artillerie ni d'infanterie. — A Soissons, 74 hommes d'artillerie, 1,200 hommes de recrues d'infanterie;
deux bataillons de mobiles... Général et moi emploierons toute notre
énergie à tirer le meilleur parti de ces moyens et à y associer les populations[2].

A la même date, le ministre de la Guerre adresse au général
d'Exéa, qui commande à Reims l'une des divisions d'un corps
d'armée en formation, le 13e, le télégramme suivant qui assigne
à Laon un rôle éventuel d'une certaine importance : « Tenez bon
à Reims le plus longtemps possible et, si vous êtes forcé par des
forces supérieures (*sic*), repliez-vous en bon ordre sur Laon[3]. »
Néanmoins, le général de Palikao, après avoir reçu communication du télégramme du préfet, l'autorise à évacuer la ville s'il y
est contraint : « ... Tenez bon jusqu'au moment où, ayant la
certitude que l'ennemi soit (*sic*) en force, vous reconnaîtrez qu'il
y a urgence à vous retirer[4]. » Chose bizarre, cette recommandation s'adresse, non au général Théremin d'Hame, qui, pourtant,
dans un département en état de siège, devrait réunir tous les
pouvoirs, mais au préfet.

Autre bizarrerie. Parallèlement à ces recommandations du
général de Palikao, le ministre de l'Intérieur en adresse d'autres,
également au préfet, mais conçues dans un sens plus belliqueux :
« Défendez-vous à outrance contre les coureurs ennemis[5]. » A la

---

1. Le sous-préfet de Château-Thierry à Intérieur, Paris, et préfet, Laon,
dép. télégr., 27 août, 8 heures 25 du soir; sous-préfet de Reims à préfet, Laon,
dép. télégr., 10 heures 25 du soir (G. Dupont, p. 131-132).

2. Préfet à Intérieur, dép. télégr., 27 août, 11 heures 30 du soir (G. Dupont,
p. 132).

3. Dép. télégr. chiffrée, 27 août (*Revue d'histoire*, 1907, t. I, p. 390). Le
ministre de la Guerre est alors le général de Palikao.

4. Ministre de la Guerre à préfet de l'Aisne, Laon, 28 août, 10 heures du
matin (G. Dupont, p. 133).

5. Ministre Intérieur à préfets de Seine-et-Marne, Melun, et de l'Aisne, Laon,
28 août, 4 heures 54 du soir (G. Dupont, p. 133).

même date, un ancien ministre, Drouyn de Lhuys, envoie à
M. Ferrand un billet dans lequel il paraphrase le mot célèbre de
Danton : « De l'énergie, de l'énergie, encore de l'énergie! Voilà
ce qu'on demande, en ce moment, à tous les préfets et notamment au préfet de l'Aisne. Je sors du Conseil privé, je n'ai que le
temps de vous serrer la main[1]. »

M. Ferrand, auquel, nous le verrons, ni l'entrain ni l'initiative ne font défaut, adresse le même jour aux habitants de Laon,
de concert avec le général Théremin d'Hame, une proclamation
à laquelle le maire refuse de s'associer, la trouvant sans doute
compromettante :

> Votre ville, chef-lieu de département, est aujourd'hui en mesure de
> rendre les services que ses ressources et sa situation comportent. Nous
> n'avons pas besoin de faire appel à votre patriotisme et nous pouvons
> compter sur vos efforts unanimes. L'honneur d'une ville, dans les cir-
> constances où nous sommes, est de se montrer prête à tous les devoirs.
> Laon sera digne de ses annales, digne de notre chère patrie[2].

En même temps, le préfet envoie aux sous-préfets, maires, com-
mandants de garde nationale et de sapeurs-pompiers une circulaire renfermant des indications beaucoup plus précises et, par
suite, d'une réelle utilité :

> L'ennemi a paru dans les départements voisins. Nous pouvons être
> bientôt exposés à des incursions de coureurs et de partis de cavalerie.
> Le moment est venu de nous préparer à défendre nous-mêmes nos
> foyers, notre honneur, notre patrie. Comme à Verdun, comme dans les
> Vosges, qu'on se lève et qu'on s'organise partout; qu'un service de
> patrouilles s'établisse sur les points menacés; que les localités d'un
> même rayon se concertent et se solidarisent; que l'ennemi, dès son
> approche, soit signalé par les voies les plus rapides aux communes voi-
> sines, au chef-lieu d'arrondissement, qu'on entrave sa marche; qu'on
> coupe ses communications et ses convois; qu'on soustraie à ses réqui-
> sitions tous moyens d'alimentation et de transport. Le chef-lieu du
> département donnera l'exemple; il est prêt. L'ennemi se brisera devant
> l'énergie et le patriotisme de tous. Il n'est pas d'épreuves qu'un peuple
> viril ne puisse surmonter[3].

---

1. G. Dupont, p. 134.
2. G. Dupont, p. 134. Cette proclamation est signée du général et du préfet.
3. 28 août 1870 (G. Dupont, p. 135). A la même date, M. Ferrand adresse à
un conseiller de préfecture, qu'il a détaché à Guignicourt, dans la direction

Ce langage n'est pas pour plaire à l'ennemi, qui saura le témoigner bientôt au préfet de l'Aisne. A Laon et au dehors, il cause une assez vive impression, dans deux sens tout à fait opposés. Du ministère et des Chambres, il vient une approbation sans réserve[1], à laquelle participent des correspondants connus ou inconnus de tous les points du territoire. Dans la ville, au contraire, les critiques sont vives, sinon unanimes. La petite bourgeoisie, qui fait la majorité, est vouée par ses traditions, par sa manière de vivre, par le régime politique sous lequel elle a vécu, à une extrême médiocrité de pensée et d'aspirations. Elle ne voit et ne comprend que ses intérêts matériels immédiats. Toute idée haute lui est étrangère. Un contemporain s'exprime ainsi à son égard :

Quelques propriétaires, amis de la paix, plus préoccupés du salut de leurs maisons et de leur mobilier que d'intérêts qu'ils ne comprenaient pas, puisqu'ils ne les touchaient pas, s'émurent très vivement à l'idée d'être exposés aux représailles prussiennes. Ils allèrent jusqu'à feindre de croire que les paroles du chef de l'administration, dont, bien entendu, ils détournaient le sens exact et la portée, produiraient un effet contraire à celui qu'il en attendait, et, au lieu de relever le moral de la population, jetteraient partout la terreur. Ils ne furent pas loin de regarder comme un acte patriotique de railler ses dignes efforts[2].

Bien que, d'après les historiens locaux, ces sentiments d'un

de Reims, le télégramme suivant : « Entendez-vous avec officier et maire pour mettre à l'abri les récoltes, pour qu'on nous informe de tout incident. Examinez aussi par quel moyen on pourrait, dans un moment donné, empêcher ou retarder la marche de l'ennemi, soit sur la voie ferrée, soit sur les voies de terre. Les francs-tireurs, remplacés par la compagnie de mobiles, vont être dirigés vers le sud du département. Tenez-moi au courant » (dép. télégr., 28 août, G. Dupont, p. 139). — L'avant-dernier paragraphe semble indiquer que des difficultés sont survenues entre ces francs-tireurs et les habitants, au point qu'il a fallu les relever par des mobiles envoyés de Laon, à la garde du pont du chemin de fer sur l'Aisne, à Guignicourt. — Le 28, le préfet envoie également aux sous-préfets de Soissons, Château-Thierry et Vervins le télégramme suivant : « Ne perdez pas de vue les instructions données par ministre de l'Intérieur pour mesures à prendre à l'effet d'empêcher ou d'entraver la marche de l'ennemi, de sauver les récoltes » (G. Dupont, *loc. cit.*).

1. Ministre de l'Intérieur à préfet de l'Aisne, 30 août, 11 heures 24 du matin, dép. télégr. : « Bravo, c'est ainsi qu'il faut agir. » Voir aussi le n° du 30 août de la Correspondance autographiée du ministère de l'Intérieur (G. Dupont, p. 140-142).

2. G. Dupont, *op. cit.*, p. 33.

naïf égoïsme ne soient pas ceux de la majorité des habitants[1], il est certain qu'ils ne rencontrent aucune opposition au Conseil municipal. A cet égard, sa délibération du 28 août est particulièrement instructive. Elle montre quel appui le général Théremin d'Hame peut trouver dans cette réunion de bourgeois apeurés :

Le Conseil municipal, préoccupé à juste titre de la question de la défense de la ville, et après s'être éclairé de la manière la plus complète sur l'état de la citadelle et sur l'insuffisance bien avérée des moyens jusqu'alors pris par l'autorité militaire pour sa défense utile et celle de la ville, prend à l'unanimité la délibération suivante et nomme une commission composée de MM. . . . . . pour se présenter chez le général, commandant supérieur de la ville de Laon, et le prier de vouloir bien attirer l'attention du Comité de défense sur les considérations qui y sont exprimées :

Le Conseil, en ce qui touche les mesures défensives prises et à prendre pour mettre la ville à l'abri d'une surprise; considérant que, sur ce point, la ville, pénétrée du sentiment de ses devoirs civiques et de sa dignité, a toujours été fermement résolue à se défendre contre un coup de main et qu'elle s'est empressée de donner son concours aux mesures adoptées dans ce but;

En ce qui touche les mesures à prendre pour une résistance efficace en cas de siège : considérant que la défense de la citadelle et celle du plateau sont étroitement liées par la position même des lieux; que la défense de l'une est impossible sans celle de l'autre; — que si des considérations stratégiques puissantes nécessitent la défense de Laon, c'est à l'autorité militaire qu'il appartient de prendre les mesures nécessaires pour que cette défense soit efficace; qu'une défense sérieuse et durable ne se comprend qu'avec l'établissement de redoutes et de batteries sur certains points du plateau et une garnison bien armée pour soutenir l'artillerie; — qu'aucune mesure, à cet égard, n'a été entreprise (*sic*) par l'autorité militaire; — que, dans de semblables conditions, la ville de Laon, réduite aux seules ressources d'un bataillon de mobiles en formation, ne peut être considérée comme ayant par elle-même les forces suffisantes pour soutenir une défense; — que la concentration dans la citadelle de ces seules ressources assurerait la destruction de la ville, en cas d'attaque de vive force de l'ennemi, sans utilité pour la défense même de la citadelle ; le Conseil, interprète des sentiments de toute la population, déclare que la ville est prête à tous les sacrifices pour la défense utile du plateau combinée avec celle de la citadelle, si, de son côté, l'autorité militaire se met en mesure d'éta-

---

1. G. Dupont, *loc. cit.*

blir les redoutes et fournir l'artillerie nécessaires ; qu'en l'absence de
ces dispositions, le Conseil considère comme son premier devoir de
rester neutre et de laisser au Conseil de défense toute la responsabilité
de ses actes. Signé au registre : tous les membres présents[1].

Le moins qu'on puisse dire de cette délibération est qu'elle
paraît singulièrement inopportune, dans une place en état de
siège, à proximité des têtes de colonne ennemies. Le Conseil municipal de Laon ne se la permettrait certainement pas, si le général
Théremin d'Hame disposait d'une force sérieuse. Dans les circonstances présentes, il n'en peut résulter qu'une diminution du
moral de la petite garnison et des habitants.

La démarche de leurs représentants légaux blesse profondé-
ment le général, dont l'âge et les services, à défaut d'autres raisons, auraient dû leur inspirer plus de réserve. S'il a quelque
chose à se reprocher, dans la triste situation où l'a placé le
ministre de la Guerre, c'est une modération excessive[2]. L'état de
siège, en effet, lui donne le droit indiscutable de commander et
d'être obéi ; son tort est de souffrir qu'un corps délibérant s'occupe d'une question uniquement militaire. Mais comment obtien-

1. Extrait des registres des Délibérations du Conseil municipal de la ville de
Laon (G. Dupont, p. 136-138). Il résulte d'un autre extrait (*Ibid.*) que cette
délibération est communiquée le 29 août, à deux heures, au général Théremin
d'Hame, en sa demeure, rue du Chat, n° 11. Copie signée et certifiée lui est
remise et procès-verbal en est rédigé. Qui voudrait se rendre compte plus
complètement de la mentalité des habitants de Laon vers 1870 devrait lire les
romans que Champfleury a consacrés à sa ville natale, notamment *la Succes-
sion Le Camus*. On y respire l'atmosphère de cette petite cité morose, endor-
mie sur son piton depuis 1815.

2. G. Dupont, *op. cit.*, p. 36. Voici comment un autre historien local,
M. Édouard Fleury, frère de Champfleury, apprécie la conduite du maire de
Laon dans ses *Éphémérides de la guerre de 1870-71 dans le département de
l'Aisne*, p. 1. Cet opuscule fut publié en 1871 par les soins d'un organe conservateur, *le Journal de l'Aisne*, d'où il était extrait : « Refus par M. Vinchon,
maire de Laon, de signer cette proclamation (celle du général et du préfet). Si
la ville est, en effet, en état de résister à l'attaque de quelques coureurs ou
d'une avant-garde, elle ne pourrait lutter contre une armée entière, encore
moins être prête contre toutes les éventualités *que sa situation comporte*, privée qu'elle est de toute ressource sérieuse. Le maire signerait volontiers cette
proclamation, si le gouvernement avait pourvu la ville de véritables moyens
de défense, mais non quand la résistance est illusoire, quand on manque de
tout ; c'est, pour lui, encourir une trop grande responsabilité et, par son exagération, cette proclamation lui semble mieux faite pour jeter l'effroi dans le
pays que pour relever son moral. »

drait-il le respect de ses ordres, dans l'impuissance matérielle qui lui est faite?

Le peu d'importance des travaux de défense sert de prétexte aux mécontents. Bien que les cantonniers les continuent assidûment, « on se demande si c'est avec des fossés si peu larges, si peu profonds, si peu multipliés qu'on pense assurer les approches d'une ville si voisine de l'ennemi et sur laquelle on semble compter pour l'arrêter »[1].

Pendant ces derniers jours d'août, l'anxiété est extrême. On ignore ce qu'il adviendra de l'armée enfermée dans Metz, de la tentative de Mac-Mahon pour la délivrer. Toutes sortes de bruits circulent; le 29, par exemple, on parle avec persistance de deux officiers généraux qui, passant aux gares de Laon et de Tergnier, auraient annoncé le succès de nos armées. De même, le *Paris-Journal* porte qu'un négociant venu de Rethel aurait affirmé l'anéantissement de l'armée du prince royal de Prusse près de cette ville[2]. On s'efforce inutilement de contrôler ces prétendues nouvelles.

Sur les entrefaites, trois délégués nommés par le préfet ont quitté Laon pour aller visiter les cantons les plus exposés à l'invasion. Ils doivent se mettre en rapport avec les maires, avec les officiers de la garde nationale, pour leur donner les instructions voulues, régulariser la distribution des armes, encourager la résistance et soutenir l'esprit public[3].

Cette tâche n'est pas sans difficulté. Malgré les bruits de victoires qui seront bientôt démentis, des symptômes inquiétants se laissent voir. Ainsi, une lettre de M. Nice, fermier à Heurtebise, près Craonne, engage les cultivateurs à faire le vide devant l'ennemi. Lui-même prépare un immense convoi de bœufs, de moutons, de chevaux qui se dirigera bientôt vers le sud du département de l'Oise[4].

A défaut de la cavalerie, qui fait complètement défaut pour observer la marche de l'ennemi, le préfet de l'Aisne organise un service de renseignements très complet au moyen de gardes

1. É. Fleury, *op. cit.*, p. 1.
2. É. Fleury, *loc. cit.;* Ernest Lavisse, *op. cit.*, p. 13.
3. Communiqué au *Journal de l'Aisne*, 31 août 1870 (G. Dupont, p. 142).
4. É. Fleury, *op. cit.*, p. 2, 29 août; Ernest Lavisse, *op. cit.*, p. 23. Le ministre de l'Intérieur adresse au préfet la lettre suivante : « Je vous ai pres-

mobiles déguisés, des gardes champêtres, des cantonniers, de
courageux citoyens qui courent les plus grands risques pour rap-
porter des nouvelles au chef-lieu. On verra bientôt l'utilité de
cette organisation lorsque, quelques jours après, le général Vinoy
sera exactement renseigné sur la situation de l'ennemi lancé à sa
poursuite[1].

En même temps, M. Ferrand s'efforce d'encourager les populations à la résistance. Il fait même insérer dans la presse locale
un tableau fort embelli de la situation, assurant qu'il reçoit « les
meilleurs renseignements au sujet de l'état moral du pays » :

Partout on refuse de subir, on repousse la honte de l'invasion. Les
gardes nationaux et pompiers se concertent et s'organisent; ils ont
reçu toutes les armes et munitions en dépôt dans le département; la
préfecture en attend de nouvelles d'un instant à l'autre. Des maires
demandent à se joindre, un fusil à la main, à leur garde nationale. Le
préfet les y exhorte, se tenant prêt lui-même à se placer au milieu de
la garde nationale de Laon. Dans le canton de Craonne, il se forme
une compagnie de francs-tireurs sédentaires (*sic*). Sur d'autres points,
ceux des habitants des campagnes qui n'ont pas encore d'armes
annoncent qu'ils courront sus à l'ennemi et le harcelleront par tous les
moyens possibles. D'un autre côté, beaucoup de propriétaires et de cultivateurs commencent à organiser des convois de troupeaux et de
denrées qu'ils dirigeront de manière à faire le vide autour de l'ennemi... Enfin les travaux de coupures des routes et chemins, prescrits
par le comité local de défense, sont déjà en voie d'exécution ; ils seront
gardés jour et nuit par les pompiers. En un mot, c'est une guerre de .
guérillas, mais une guerre sacrée et légale qui s'organise activement.
Tout atteste que, si l'ennemi parait, il rencontrera en nous des enfants
dignes de la grande patrie, une défense et une résistance à outrance.
Confiance et énergie[2].

La réalité ne répond guère à ce tableau, et l'on ne saurait s'en
étonner. Ni les circonstances ni les lieux ni les populations ne
se prêtent à renouveler dans cette partie de la France les exploits
des *guerilleros* espagnols ou mexicains. L'auteur de *l'Invasion*

crit dès le 23 de tenir tant que vous pourrez devant l'ennemi, de retarder sa
marche par tous les moyens possibles et de vous replier en arrière si vous
étiez menacé d'être pris. Vous continueriez de veiller à l'administration de votre
département, de la commune où vous vous seriez retiré... » (G. Dupont,
p. 140).
1. G. Dupont, *op. cit.*, p. 37.
2. Communiqué du 1er septembre 1870 (G. Dupont, p. 143-144).

dans l'Aisne, M. Ernest Lavisse, a dit les raisons pour lesquelles « la guerre à outrance » était impraticable entre Rethel et Laon, au lendemain de Sedan[1].

Outre que le pays, généralement découvert, se prête peu à la guerre de partisans, l'ennemi s'entourait constamment des mesures de sécurité les plus minutieuses. Enfin et surtout, la population était tout à fait étrangère à l'usage des armes. Dans ces conditions, toute tentative de résistance individuelle aurait été de l'héroïsme inutile, « et il faut avouer qu'il ne s'en est pas beaucoup dépensé de cette sorte... »[2]. Ce n'est pas qu'il soit équitable d'accuser de lâcheté nos populations du nord-est. Les motifs de leur abstention sont plus complexes. Pour s'en rendre compte, il convient, avec M. Ernest Lavisse, de remonter à l'épopée de la République et de l'Empire. La vanité de nos succès d'alors, suivis d'éclatants revers et aboutissant finalement à la diminution du pays, n'a pas été sans influence sur l'esprit de nos historiens. Tandis que ceux de l'Allemagne s'attachaient à entretenir vivants les souvenirs de 1806 à 1815 et n'attendaient que l'occasion de nous appliquer méthodiquement la peine du talion, les nôtres portaient dans l'histoire de l'Empire une critique désintéressée. Ils blâmaient les excès et les abus de notre domination ; ils acceptaient comme légitime l'expiation de nos fautes à Leipzig et à Waterloo. Peu à peu le sentiment du droit des gens dominait notre conception des relations de peuple à peuple. Nous montrions une répugnance croissante pour les conquêtes violentes, pour les annexions auxquelles ne consentiraient pas les populations intéressées. Chez nous, les haines nationales tendaient de plus en plus à disparaître, alors qu'elles restaient vigoureuses en Allemagne. L'esprit militaire ne cessait de s'affaiblir[3] et avec lui le sens du sacrifice individuel au bien commun.

Ajoutons que l'absence de fortes institutions militaires, dont, au surplus, le pays n'aurait pas voulu supporter les charges, contribue puissamment à ce résultat. Dans un pays où l'exonération est légale, comment ne pas considérer l'impôt du sang comme le plus lourd et le plus injuste de tous?

Ainsi l'affaiblissement continu des traditions militaires, des

1. Ernest Lavisse, *op. cit.,* p. 18.
2. Ernest Lavisse, *loc. cit.*
3. Ernest Lavisse, *op. cit.,* p. 19.

illusions persistantes concernant le progrès des idées pacifiques
en Europe, ces divers motifs contribuent à énerver notre résistance. D'autres causes interviennent encore, notamment les
changements profonds apportés par la prospérité générale aux
conditions d'existence de la population. A toutes les époques, on
a observé que les peuples les plus riches étaient aussi le plus
aisément désarmés. Les excès du luxe de la Rome impériale ne
furent pas sans contribuer à sa décadence rapide et profonde.

*
* *

L'armement de la garde nationale de l'Aisne s'opère très len-
tement. Le 1er septembre, le ministre de l'Intérieur télégraphie
aux préfets de ce département et de la Somme : « Envoyez un
délégué prendre à la direction de Bayonne 2,500 fusils rayés
pour votre garde nationale[1]. » On juge du temps que ces armes
mettront pour arriver de la frontière espagnole. Quant aux gardes
mobiles, ils n'ont encore que des blouses et des képis à la date du
2 septembre ; ils ne recevront que le 10 des ceinturons et des cartouches ; les vareuses ne leur parviendront que le 25[2].

Mais la situation s'aggrave subitement. Le 13e corps n'est pas
encore concentré à Mézières que, dans la journée du 1er septembre, les nouvelles les plus inquiétantes lui viennent du champ
de bataille de Sedan. Informé, le ministre de la Guerre télégraphie au général Vinoy dès 5 heures 40 du soir : « Dans les circonstances actuelles, je vous laisse maître de vos mouvements en
ce qui concerne le 13e corps d'armée. Faites évacuer les fuyards
sur Laon ; je compte que Mézières saura tenir...[3]. » Vinoy prend
aussitôt son parti : les milliers de fuyards accourus du champ de
bataille vont se retirer sur Avesnes, d'où ils gagneront Laon sous

1. Dép. télégr., 6 heures 10 du soir (G. Dupont, p. 144). Un télégramme pres-
sant du sous-préfet de Soissons au préfet (2 septembre, 10 heures 25 du matin)
réclame des armes : « Depuis quatre jours, il ne reste plus un fusil. » Le 3, le
préfet renouvelle ses instances (dép. télégr. à Intérieur et Guerre). Le ministre
de l'Intérieur lui répond : « Pas un fusil à envoyer. Nous n'en avons pas. La
Guerre en promet... » (3 septembre, G. Dupont, p. 154).

2. État reproduit par la *Revue d'histoire*, 1907, t. II, p. 384. Ce document
porte à 1,175 hommes l'effectif du 2e bataillon (Laon). En quelques jours, il
sera réduit à 700 hommes par la désertion.

3. Général Vinoy, *Siège de Paris*, p. 56 et 431.

la protection des fractions du 13e corps réunies à Mézières.
Celles-ci suivront la route directe de Paris, par Rethel, Neufchâtel et Laon[1]. Ces mouvements commencent la nuit même du
1er au 2. L'intendant et le commandant du génie du corps d'armée prennent les devants sur Laon, ce dernier avec une compagnie du génie et du matériel. Tous deux devront pourvoir aux
moyens de défense les plus urgents et au ravitaillement. De
même, le chef de la gare de Mézières doit faire rebrousser tous les
trains sur Laon, avec la faculté de sauver son matériel par l'intérieur du pays ou par la Belgique. La division Maud'huy, qui
n'a pas encore débarqué, regagnera cette ville sans quitter ses
wagons et y attendra la division Blanchard venant de Mézières
à marches forcées[2].

Cependant de faux bruits continuent de courir à Laon. Le
Public, arrivé le 3 septembre, mentionne encore un immense
succès remporté par Mac-Mahon le 31 août : il y aurait
20,000 Prussiens tués ou blessés, 10,000 prisonniers. Mais les
détails abondent déjà sur une défaite du 5e corps au 30 août, et
ils ne sont que trop exacts. En même temps, les journaux
apportent des détails effrayants sur les excès commis par l'ennemi
dans les Ardennes. Loin d'y trouver un encouragement à la
résistance, la population y puise les motifs d'une prochaine
panique, malgré un communiqué de la préfecture concernant
l'attitude résolue des cantons de l'Aisne qui bordent les Ardennes.
D'ailleurs, des bruits sérieux commencent à se répandre concernant une défaite à Sedan, et la division Maud'huy débarque à la
gare dans l'après-midi du 2[3].

Cette opération s'accomplit dans un grand désordre, qui ne
contribue pas à rassurer les habitants. Le général Théremin
d'Hame, le capitaine du génie Vauthier, l'ingénieur des ponts et
chaussées, l'agent voyer en chef sont en permanence à la préfec-

1. Général Vinoy, *Siège de Paris*, p. 60.
2. Général Vinoy, *Ibid.*, p. 61.
3. É. Fleury, *op. cit.*, p. 3; *Journal de l'Aisne*, n° du 18 mars 1871. Le
Courrier de l'Aisne (n° du 9 au 18 septembre 1870) dépeint tout autrement la
situation : « ... La ville de Laon, sentant grandir son patriotisme avec le danger, n'eut qu'un cri, et ce cri fut pour la résistance. C'est alors que tout
citoyen qui n'avait pas encore d'armes s'empressa d'aller en réclamer à l'hôtel
de ville. Jamais peut-être cité, même sérieusement préparée, ne fut agitée
d'un pareil frisson... » On verra bientôt ce qu'il faut penser de ces phrases.

ture[1]. D'après les nouvelles reçues, la retraite du 13ᵉ corps s'effectue « dans les meilleures conditions »[2]. Mais il est permis de concevoir des doutes à cet égard. Enfin, vers onze heures du soir, survient le télégramme suivant, envoyé par le sous-préfet de Vervins : « Le général de La Mortière arrive. Corps de Mac-Mahon défait sous Sedan. Maréchal blessé grièvement. L'empereur peut-être prisonnier[3]. » Bientôt après, on apprend qu'un parti ennemi de 300 chevaux a paru dans le canton de Rozoy-sur-Serre, vers les Ardennes[4]. En même temps, le ministre de la Guerre, craignant de voir Vinoy manquer de munitions dans une retraite qu'il croit encore plus difficile qu'elle n'est en réalité, s'efforce de lui faire savoir que son parc de réserve est arrivé à Laon[5].

L'impression produite sur les populations par le retour de la division Maud'huy est accrue par l'arrivée de bandes de fuyards. Elles ne tardent pas à se montrer sur les routes conduisant vers le nord ou à Paris, et leur triste défilé dure trois jours. Les premières appartenaient au 5ᵉ corps, lors de la surprise de Beaumont. Elles ne parlent du général de Failly, leur chef, qu'avec colère; « les officiers sont unanimes à déplorer son incapacité; quant aux soldats, personne n'aurait pu leur ôter de l'esprit l'idée qu'ils avaient été trahis »[6].

Sous cette influence, l'affolement gagne jusqu'aux fonctionnaires qui devraient payer d'exemple. Le sous-préfet de Vervins, par exemple, demande au préfet ce qu'il doit faire des

---

1. **Préfet à Intérieur et Guerre**, dép. télégr., 2 septembre, 1 heure 10 du soir (G. Dupont, p. 145) : « J'attends colonel du génie du 13ᵉ corps de minute en minute. Je me tiens prêt à prendre toutes les mesures voulues pour aider à l'approvisionnement du 13ᵉ corps et faire le vide et résistance après lui. Général, capitaine du génie, ingénieur et agent voyer en chef sont en permanence dans mon cabinet. »

2. **Préfet à Intérieur et Guerre**, dép. télégr., 2 septembre, 6 heures 20 du soir (G. Dupont, p. 145).

3. **Sous-préfet de Vervins à préfet**, dép. télégr., 10 heures 40 du soir (G. Dupont, p. 145). Le général de La Mortière commandait la 2ᵉ brigade de la division de cavalerie du 5ᵉ corps.

4. **Préfet à Intérieur et Guerre**, dép. télégr., 11 heures 45 du soir (G. Dupont, p. 147).

5. **Guerre à commandant supérieur de Mézières et préfet Laon**, dép. télégr. chiffrée, 10 heures 30 du soir; le même à préfet de Laon, dép. télégr., 2 heures 20 du matin (*Revue d'histoire*, 1907, t. I, p. 604).

6. **Ernest Lavisse**, *op. cit.*, p. 14.

« papiers de la sous-préfecture ». Faut-il qu'il se laisse constituer prisonnier ou qu'il se retire à Laon ? « Le général de La Mortière pense qu'un détachement de cavalerie ennemie peut être ici
demain ou après et que toute résistance serait folle[1]. » M. Ferrand répond justement : « Dans les circonstances actuelles, il
faut que chacun fasse pour le mieux, selon les inspirations du
devoir et du moment... Pour la revision, pour votre conduite
personnelle, vous aviserez selon les instructions que vous avez
reçues comme moi du ministère ; selon l'honneur, selon l'intérêt
public..., maintenez le plus possible calme, fermeté, énergie[2]. »

Le commandant du génie du 13ᵉ corps, colonel Dupouët,
arrivé dans la soirée du 2 septembre à Laon, prescrit quelques
travaux de défense pour le cas où le général Vinoy viendrait y
chercher un point d'appui[3]. Mais son départ et celui de la division
Maud'huy, qui a lieu peu après, empêche la réalisation de ces
projets, non sans donner lieu à de nouvelles récriminations contre
l'autorité militaire[4]. D'autre part, l'intendant s'occupe de l'alimentation de nos troupes. Des renseignements fournis par le
maire, il résulte qu'elle n'offrirait pas de difficulté[5].

Touchant l'ennemi, on n'a d'abord que les renseignements
confus et exagérés venant du général de La Mortière ou des
autres officiers échappés de Sedan. A 8 heures 10, le préfet télégraphie : « Rien de nouveau ce matin. Nous ignorons encore où
se trouve le général Vinoy[6]. »

1. Dép. télégr., 3 septembre, onze heures du matin (G. Dupont, p. 151).

2. Dép. télégr., 3 septembre, une heure du soir (G. Dupont, p. 152). Il faut
ajouter que Vervins ne paraît avoir été occupé par l'ennemi qu'après la bataille
de Saint-Quentin (19 janvier 1871).

3. Le préfet de l'Aisne à ministres Intérieur et Guerre, 2 septembre,
6 heures 20 du soir (G. Dupont, p. 146).

4. En vertu d'une réquisition du 2, le maire de Laon conduit le matin du 3
une cinquantaine de travailleurs à la citadelle, avec des outils achetés par la
ville, bien que les magasins du génie renferment 600 pelles neuves. Aucun
ordre n'ayant été donné pour leur emploi, ces travailleurs se retirent sans avoir
rien fait (É. Fleury, p. 3). D'après M. G. Dupont (*op. cit.*, p. 52), la réquisition aurait lieu le 4 septembre seulement pour le 5. Cette dernière version
paraît plus vraisemblable. D'ailleurs, une lettre inédite de M. Ferrand à Mᵐᵉ Théremin d'Hame, en date du 6 décembre 1871, la confirme entièrement.

5. Note sur l'alimentation de la ville, 3 septembre (G. Dupont, p. 150).

6. Dép. télégr. aux ministres de la Guerre et de l'Intérieur (*Revue d'histoire*,
1907, t. I, p. 604).

Peu après, des renseignements importants surviennent, dont M. Ferrand fait part aux ministres de l'Intérieur et de la Guerre :

> Un officier de mobiles, que j'ai envoyé cette nuit dans la direction de Rozoy-sur-Serre, m'informe qu'un corps de 10,000 Prussiens environ, campés actuellement à Écly, aurait occupé Rethel. — Un corps de cavalerie française aurait été vu à Any. Un autre corps français se repliait sur Hirson... Rien de positif encore au sujet du général Vinoy...[1].

C'est dans la soirée seulement que parvient un télégramme du préfet des Ardennes. Il est chiffré en partie et, chose bizarre, le chiffre ne peut être retrouvé, en sorte qu'il est impossible d'en tirer aucun renseignement[2]. Mais, presque aussitôt, survient un télégramme du juge de paix d'Hirson :

> Le général de Bernis arrive; déclare que le général Vinoy a dû prendre la direction de Laon. Les troupes d'infanterie et de cavalerie arrivent continuellement à Hirson ; 25,000 environ se sont déjà arrêtés dans le bourg ; ils sont suivis encore par de nombreux traînards échelonnés sur la route[3].

Un peu plus tard, le même correspondant signale la marche de Vinoy sur Reims, « à la tête de très peu de troupes »[4]. En même

---

1. Le préfet de l'Aisne à ministres Intérieur et Guerre, 3 septembre, 10 heures 6 du matin (G. Dupont, p. 151). Le texte reproduit par la *Revue d'histoire*, 1907, t. I, p. 605, est incomplet. Le soir du 2 septembre, il n'y avait à Écly que cinq bataillons, quatre batteries, une compagnie de pionniers de la 12ᵉ division d'infanterie. Le reste était à Château-Porcien, Rethel et Novy. La 6ᵉ division de cavalerie était aux environs de Poix; la 5ᵉ à Faux, Amagne, Auboncourt, Vauzelle, Saulces-aux-Bois. — Une lettre signée *Saren* et datée de Saint-Germainmont le 3 septembre confirme les renseignements précédents en ce qui concerne « une division de l'armée prussienne, environ 10,000 hommes », qui aurait occupé le 2 au matin Rethel et en serait partie le soir pour Écly et Château-Porcien avec l'intention de marcher vers Rozoy par la route impériale (G. Dupont, p. 154, lettre adressée au préfet).

2. Dép. télégr. à préfet à Laon, 3 septembre, 5 heures 45 du soir : « Le général Vinoy parti de Mézières à une heure du matin, allant sur..., voulant aller de là, à ce qu'il m'a dit, vers...; mais des circonstances que j'ignore ont pu modifier ses instructions » (G. Dupont, p. 155).

3. Dép. télégr., 5 heures 19 du soir, à préfet à Laon (G. Dupont, p. 155). Le général de Bernis commandait la 1ʳᵉ brigade de la division de cavalerie du 5ᵉ corps.

4. Dép. télégr., sans heure, à préfet à Laon (G. Dupont, p. 156). Ces deux télégrammes sont transmis immédiatement aux ministres de l'Intérieur et de la Guerre.

temps, le maire de Gomont annonce la présence (?) de la division prussienne qui a occupé successivement Rethel, Ecly et Château-Porcien[1]. On voit que les fonctionnaires des divers ordres, ainsi que les émissaires envoyés par le préfet de l'Aisne, le tiennent assez bien au courant des mouvements du général Vinoy et de l'ennemi.

De Paris, les ministres de l'Intérieur et de la Guerre s'attachent vainement à surexciter l'énergie des fonctionnaires, en vue de la résistance. Le général de Palikao écrit au général de Liniers, qui commande la 4e division militaire à Reims :

Je ne trouve pas que l'action des préfets, des sous-préfets et des maires soit assez énergique pour entraîner la population à la défense du territoire. Prévenez tous les fonctionnaires sous vos ordres que je n'hésiterai pas à faire traduire devant un conseil de guerre ceux d'entre eux, à quelque degré de la hiérarchie qu'ils appartiennent, qui montreront de la faiblesse dans l'exécution des ordres que j'ai donnés ; il y va du salut du pays[2].

De même, le ministre de l'Intérieur, Léon Chevreau, approuve les deux communiqués que le préfet de l'Aisne a fait publier les 31 août et 1er septembre, « afin de stimuler et de généraliser le mouvement de résistance patriotique »[3]. Puis, quand les nouvelles de Sedan se précisent, le même ministre essaie de susciter des foyers de résistance : « Notre armée a subi un grand revers, mais les peuples qui s'abandonnent méritent le mépris de l'histoire. Soyons plus forts que le mauvais destin. Je compte sur votre patriotisme et votre dévouement[4]. » Un peu plus tard, il engage les préfets de la zone frontière à gagner l'ennemi de vitesse dans sa marche sur Paris, en coupant les routes, les ponts, en détruisant les écluses[5]. Mais ces recommandations sont mal venues sous la plume des auteurs de la situation où se débat le pays.

---

1. Ce renseignement parvient par l'intermédiaire d'un capitaine de mobiles détaché à Guignicourt (dép. télégr., 6 heures 35 du soir, à préfet et à général, à Laon, G. Dupont, p. 156).

2. Lettre au préfet de l'Aisne et proclamation du général de Liniers, 2 septembre (G. Dupont, p. 147-149).

3. Lettre du 3 septembre (G. Dupont, p. 149).

4. Dép. télégr., Intérieur à préfets, 3 septembre, 6 heures 45 du soir (G. Dupont, p. 157).

5. Dép. télégr., sept heures du soir (G. Dupont, p. 157).

Quelle autorité possède le gouvernement impérial au lendemain de la catastrophe du 1er septembre? Pour que la guerre, politique jusqu'alors, devienne nationale, pour que la résistance prenne un caractère populaire qu'elle n'a jamais eu [1], il faut tout un changement de régime, de personnel gouvernant, c'est-à-dire une révolution.

Dans ce moment terrible, entre la capitulation de Sedan et la chute du régime impérial, notre incorrigible facilité d'illusion persiste encore, malgré tant d'épreuves. Le maire de Coucy transmet au préfet de l'Aisne l'avis suivant du maire de Montigny-la-Cour : « Huit mille Prussiens sont rejetés sur l'Aisne, sans cartouches, sans munitions; ils sont près de Neufchâtel. Envoyez immédiatement faire main basse sur ces troupes qui jettent l'effroi dans la campagne [2]. » De même, le général de Palikao télégraphie à Maud'huy, pour faire remettre au général Vinoy dès qu'il se pourra : « Savez-vous quelles sont les forces qui vous poursuivent? Avez-vous combattu? Voilà le général d'Exéa qui se dirige sur Soissons [3]. Ne vous serait-il pas possible de faire front et de bousculer la tête des colonnes de l'ennemi [4]? » En réalité, Vinoy a grand'peine à éviter un contact qui amènerait sûrement la destruction de sa colonne. C'est à force de décision et d'habileté qu'il réussit à se dérober vers l'ouest, sauvant ainsi l'un des éléments essentiels de la défense de Paris.

Mais, dans ces conditions, il se peut que le 13e corps soit appelé à stationner quelques jours sous Laon. Il se peut aussi qu'il continue sa retraite sans désemparer et, dans la soirée du 3 septembre, les généraux de Maud'huy et Théremin d'Hame, le colonel du génie Dupouët, le préfet de l'Aisne, l'ingénieur des ponts et chaussées, l'agent voyer en chef arrêtent les mesures à prendre pour entraver la marche de l'ennemi après la retraite de

---

1. Toutefois, les Allemands signalent un changement d'attitude des habitants dès qu'ils pénètrent (IIIe armée) dans la Haute-Marne vers le milieu d'août. Voir la relation de l'État-major prussien.

2. Dép. télégr., 3 septembre, sept heures du soir. Le préfet juge nécessaire de télégraphier au capitaine de mobiles Bouxin, à Guignicourt, pour vérifier ce bruit (dép. télégr., sans heure, 3 septembre, G. Dupont, p. 158). Il s'agit sans doute de la 12e division d'infanterie, qui n'a pas encore combattu sérieusement depuis la mobilisation. — Au lieu de *Coucy*, il faut lire *Coucy-les-Eppes*.

3. Avec la division du 13e corps stationnée depuis peu à Reims.

4. Général Vinoy, *Siège de Paris*, p. 432. Ce télégramme parvint à Vinoy le 4 septembre, à 9 heures 40 du matin.

nos colonnes. Ils n'ont encore aucun renseignement précis sur le général Vinoy[1], bien qu'il soit à Montcornet, à trente-trois kilomètres de Laon seulement. Un capitaine de mobiles envoyé par le préfet dans cette direction, sous un déguisement, parvient à l'y rencontrer dans la journée du 3 et rentre à Laon la nuit suivante, rapportant cette fois des nouvelles sûres[2]. A neuf heures du matin, le 4, le préfet peut télégraphier aux ministres de l'Intérieur et de la Guerre que Vinoy quitte Montcornet pour se diriger sur Marle et Laon avec une division d'infanterie, une « artillerie considérable »[3], un régiment de cavalerie, « le tout très fatigué, mais intact »[4].

Le contact est donc rétabli entre Vinoy et Maud'huy. Dès 9 heures 35 du matin, ce dernier télégraphie au commandant du 13e corps : « Général Exéa m'informe qu'il a opéré sa retraite sur Soissons; dois-je, pour ne pas encombrer la voie ferrée, faire commencer le mouvement de retraite de ma division par chemin de fer[5]? » La question paraît singulière, car il serait plus naturel que la division Maud'huy couvrît à Laon l'embarquement de la colonne Vinoy. Toutefois, le commandant du 13e corps en juge autrement et Maud'huy commencera bientôt son mouvement rétrograde.

En attendant, il envoie à Vinoy un convoi de vivres et des voitures destinées aux éclopés[6]. Puis il fait connaître la capitulation de Sedan, la capture de l'empereur, annonçant la concentration de nouvelles forces à Paris et sur la Loire; il ajoute que le général d'Exéa réclame des ordres[7].

La proclamation des ministres annonçant la catastrophe du 1er septembre a, en effet, été affichée dès six heures du matin à Laon, soulevant une émotion indicible. En quelques instants, la ville est envahie par quantité de voitures, de chariots, de charrettes apportant des grains, des gerbes, du mobilier que les gens

---

1. Dép. télégr., préfet à Intérieur et Guerre, 3 septembre, onze heures du soir (G. Dupont, p. 160).

2. Général Vinoy, p. 82 ; G. Dupont, p. 51.

3. L'artillerie de réserve du 13e corps et l'artillerie de la division Blanchard.

4. Dép. télégr., neuf heures du matin (G. Dupont, p. 160). Si le capitaine de mobiles en question est réellement rentré à Laon dans la nuit, on ne s'explique pas que ce télégramme soit parti seulement à neuf heures du matin.

5. Général Vinoy, *op. cit.*, p. 432.

6. Lettre au général Vinoy (général Vinoy, *op. cit.*, p. 432).

7. Dép. télégr., 10 heures 55 du matin (général Vinoy, *op. cit.*, p. 433).

des campagnes cherchent à sauver, s'efforçant de les abriter,
même dans les caves. Le bruit court que l'ennemi est à Berry-
au-Bac, Guignicourt, Bertricourt et Loivre[1]. Des voyageurs arrivant de Paris font prévoir une révolution[2].

Dans la soirée, ces prévisions se vérifient. Une circulaire
signée Léon Gambetta, le nouveau ministre de l'Intérieur,
annonce la déchéance de Napoléon III, la proclamation de la
République et l'avènement d'un gouvernement de défense nationale, « ratifié par l'acclamation populaire »[3]. Le préfet de l'Aisne
fait aussitôt copier, imprimer et afficher ce document ; puis, sans
même quitter le bureau télégraphique, alors installé dans l'un
des bâtiments de la préfecture, il adresse très dignement sa
démission à Gambetta. Ne pouvant « continuer ses fonctions avec
honneur », il va confier le service au secrétaire général, tout en
s'unissant « à la municipalité et aux habitants de Laon pour la
défense du pays et le maintien de l'ordre »[4].

Sur les entrefaites, le général Vinoy reçoit à Marle un télégramme destiné à lever toute incertitude au sujet du 13e corps :
« La révolution vient de s'accomplir à Paris. Revenez avec votre
corps d'armée pour vous mettre à la disposition du gouvernement
qui s'établit[5]. »

---

1. É. Fleury, *op. cit.*, p. 4. En effet, dans l'après-midi du 4, un escadron du
13e uhlans déloge de Loivre un poste de mobiles de l'Aisne en lui faisant cinq
prisonniers, puis détruit près de là un pont de la ligne de Reims à Laon
(*Revue d'histoire*, 1908, t. I, p. 534).

2. G. Dupont, *op. cit.*, p. 52.

3. Dép. télégr., 6 heures 47 du soir, aux préfets, sous-préfets, généraux,
gouverneur de l'Algérie et à toutes les stations télégraphiques de France
(G. Dupont, p. 161). Il est à noter que, d'après cette circulaire, « le général
Trochu est à la fois maintenu dans ses pouvoirs de gouverneur de Paris et
nommé ministre de la Guerre ». En réalité, Trochu est nommé président du
gouvernement, tout en conservant les fonctions de gouverneur. C'est le général
Le Flô qui remplace Palikao comme ministre.

4. Dép. télégr., neuf heures du soir (G. Dupont, p. 53 et 162). A minuit, le
préfet communique cette décision aux sous-préfets de l'Aisne (*Ibid.*, p. 162).

5. Général Vinoy, *Siège de Paris*, p. 433. D'après Ch. Yriarte, *la Retraite
de Mézières*, p. 56, un autre télégramme serait arrivé le 4 septembre, à une
heure non précisée : « Ne pas s'occuper de défendre Laon et regagner Paris
avec le corps d'armée. » Il se peut que ce dernier document soit simplement
la déformation de l'autre. On ne s'explique pas, d'ailleurs, que celui-ci ait pu
être envoyé à 5 heures 20 du soir ; à cette heure, le ministère de la Guerre
n'avait pas encore de titulaire.

Dans la nuit[1], le général arrive à Laon précédant de quelques heures ses troupes. Elles ne sont tout entières concentrées aux abords de la gare que le 5, vers quatre heures du soir. L'aspect en est attristant. Chez les soldats surtout, on perçoit « un air de fatigue, de découragement, de prostration » qui n'est pas « le résultat exclusif d'une marche longue et précipitée ». Un observateur note que beaucoup ne se lèvent pas, ne s'écartent pas devant le général Vinoy; d'autres ne le saluent pas. De nombreux actes de maraude sont signalés dans les faubourgs; un peu plus tard, un convoi de grains et de denrées sera livré au pillage[2].

A Laon, Vinoy ne tarde pas à se rendre compte des avantages de la position défensive constituée par cette place, mais aussi de son défaut de vivres, de munitions, de matériel d'artillerie[3]. Il la croit, en cas d'investissement, hors d'état d'opposer une bien longue résistance. Jusqu'alors, le général de Maud'huy s'est borné à garnir de troupes les crêtes supérieures de la « montagne de Laon », en laissant « plusieurs bataillons » à la gare, située dans la plaine. Quant aux projets de travaux défensifs établis par le colonel Dupouët, ils n'ont pas même reçu un commencement d'exécution. On conçoit que, dans ces conditions, la tâche du général Théremin d'Hame ait paru peu enviable à Vinoy.

Il a remarqué l'énergie et l'allant du préfet de l'Aisne, sa liberté d'esprit au milieu de la terreur générale, son initiative dans un temps où elle manque trop souvent[4]. D'accord avec lui et avec le général Théremin d'Hame, il arrête les dispositions suivantes :

1° Des cartouches seront sur-le-champ délivrées à la garde nationale sédentaire, à la garde mobile, aux sapeurs-pompiers, à tous les citoyens

1. A onze heures en gare de Laon (général Vinoy, p. 89); à deux heures du matin (G. Dupont, p. 54).

2. G. Dupont, *op. cit.*, p. 56. D'après É. Fleury (*op. cit.*, p. 4), la gare est pillée le 6 par des traînards auxquels se joignent des gens sans aveu. La cave d'un marchand de vins en gros a été précédemment mise à sac. « ... Les habitants de Laon ne pouvaient se défendre des plus tristes pensées, en regardant du haut de leurs promenades les vignes arrachées, les échalas brisés, des bouteilles amoncelées à la porte du marchand de vins dévalisé et, sur la voie ferrée, des sacs de sucre, de tabac, de café éventrés et jetés au hasard à la suite du pillage d'un train » (Ernest Lavisse, *op. cit.*, p. 15).

3. Général Vinoy, *op. cit.*, p. 91. On s'aperçut au dernier moment que les étoupilles manquaient. Il fallut en faire chercher d'urgence à La Fère.

4. Général Vinoy, *op. cit.*, p. 91 ; Ch. Yriarte, *la Retraite de Mézières*, p. 58.

de bonne volonté. — 2° En cas d'une approche de uhlans, le rappel sera
immédiatement battu. La garde nationale et la garde mobile se réuni-
ront d'urgence sur la place de l'Hôtel-de-Ville et prendront position ;
3° les fonctionnaires se déclareront en permanence à l'Hôtel-de-Ville ;
4° s'il y a lieu, le général s'enfermera dans la citadelle avec les forces
sous ses ordres...[1].

Cet ordre indique une médiocre confiance dans le résultat d'une
défense problématique. En effet, pendant la journée du 5, Vinoy
cherche « à exciter le courage des habitants et à leur inspirer la
volonté de se défendre » ; mais ses efforts échouent, non moins
que ceux de Ferrand et de Théremin d'Hame, « devant la terreur et l'inertie générales : c'est à peine si cette population
effrayée consentit à ne pas ouvrir ses portes au premier uhlan
qui se présenterait devant elles ! On put cependant lui faire comprendre qu'elle ne devait se rendre qu'à un ennemi assez considérable pour que sa capitulation ne fût pas déshonorante... »[2].

Un historien local s'inscrit en faux contre la dureté de ce juge-
ment, assurant que, peut-être, Vinoy « ne fut en rapport direct
qu'avec une certaine fraction de la population »[3]. Mais son récit
même montre assez qu'il n'y a là aucune exagération.

D'ailleurs, l'essentiel pour le commandant du 13ᵉ corps est
d'assurer la retraite de ses troupes sur Paris. La division Mau-
d'huy a reçu dès la nuit du 4 au 5 l'ordre de quitter Laon. Le
matin du 5, le chemin de fer doit fournir le matériel nécessaire.
Les services administratifs, le génie, le parc d'artillerie partent
avec cette division, laissant seulement quelques caissons de cartouches à la disposition du général Blanchard. Les derniers éléments de Maud'huy sont embarqués dans la nuit du 5 au 6.

La gare de Laon, alors inachevée, est petite ; ses quais peu
étendus. L'embarquement de l'artillerie y serait difficile. Le général Vinoy prescrit donc à ses batteries de réserve et à l'artillerie
de Maud'huy de se porter sur La Fère en une étape, sous l'escorte du 6ᵉ hussards. Elles doivent atteindre Paris le 9 par
Noyon, Pont-Sainte-Maxence et Luzarches.

Quant à la division Blanchard, arrivée le 5 sous Laon par
Marle et Crécy-sur-Serre, elle y bivouaque la nuit du 5 au 6. Le
lendemain, elle ne peut s'embarquer, faute de matériel, la com-

____

1. En date du 5 septembre, signé Vinoy (G. Dupont, p. 165).
2. Général Vinoy, *op. cit.*, p. 97.
3. G. Dupont, *op. cit.*, p. 57.

pagnie du Nord ayant jugé à propos de ne plus en envoyer et
même de faire évacuer la gare, ainsi que les stations entre Laon
et Soissons. Ces mesures prématurées obligent Vinoy à porter la
division Blanchard par étape sur Tergnier, où elle s'embarquera
pour Paris. Elle y sera tout entière dans la nuit du 6 au 7[1].

Tous ces mouvements, les opérations du tirage au sort et de la
revision qui commencent le 5 à Laon pour le canton de Rozoy-
sur-Serre entretiennent une vive émotion parmi les habitants.
Le Conseil municipal juge à propos de se déclarer en permanence,
mais non en vue de préparer la défense. Le départ du 13e corps
lui sert de prétexte pour en démontrer l'impossibilité et une vio-
lente discussion survient entre lui et le préfet[2].

En partant le matin du 6 par le dernier train formé à Laon,
le général Vinoy informe ce fonctionnaire qu'il est obligé de faire
évacuer la gare et détruire une partie de la voie. Il l'engage à
examiner s'il ne doit pas quitter la ville, que les Allemands vont,
selon toute probabilité, occuper à très bref délai. « M. Ferrand
répondit qu'il resterait à la préfecture jusqu'à l'arrivée de son
successeur, que la citadelle et la ville pouvaient, d'un instant à
l'autre, être attaquées; que beaucoup d'habitants redoutaient les
plus grands dangers, que l'intérêt public autant que sa propre
considération exigeaient qu'il demeurât avec eux, même au milieu
des Prussiens, et que, ce dernier cas se réalisant, il enverrait sa
famille prendre asile à l'Hôtel-Dieu. Le général comprit et
approuva cette résolution[3]. »

Sur les entrefaites, des éclaireurs allemands ont été vus dans
la direction de Reims, à Loivre et à Guignicourt. On dit qu'ils se
sont arrêtés au pont du chemin de fer, près de ce dernier village,
où ils ont eu un petit engagement avec des gardes mobiles[4].
M. Ferrand en rend compte aux ministres de l'Intérieur et de la
Guerre. Il ajoute :

L'ennemi ayant pénétré dans le département, je crois de mon hon-

1. Général Vinoy, *op. cit.*, p. 95-98.
2. É. Fleury, *op. cit.*, p. 4.
3. G. Dupont, *op. cit.*, p. 59. Cette résolution est confirmée par un télégramme du préfet aux ministres de l'Intérieur et de la Guerre en date du 6,
10 heures 35 du soir (G. Dupont, p. 169).
4. *Ibid.*, p. 58. Ces gardes mobiles font partie de la 7e compagnie détachée
de Laon à Guignicourt pour y remplacer des francs-tireurs partis pour le sud
du département.

neur de continuer de faire tout le possible pour la résistance ; mais il est de mon honneur aussi qu'il n'existe dans le pays aucun doute sur ma démission ; la transmission des ordres du gouvernement et le service administratif sont donc remis à M. le secrétaire général[1].

Ces sentiments font trop d'honneur à ce préfet de l'Empire pour que nous les passions sous silence, dans un récit où les défaillances ne sont malheureusement pas rares.

Un peu plus tard, il signale l'arrivée de uhlans aux environs de Laon[2], en même temps que le départ de la division Maud'huy. Le soir, il mentionne au contraire l'absence de toute nouvelle se rattachant aux mouvements de l'ennemi dans l'Aisne. « Tout paraît indiquer qu'il prend la direction de Reims. A Laon, les dispositions en vue de se mettre à l'abri d'un coup de main se complètent. Les opérations du tirage et de la revision sont commencées dans chacun des arrondissements...[3]. »

Le 6, à 8 heures 40 du matin, nouveau télégramme :

Le général Vinoy, les troupes d'infanterie, de cavalerie et d'artillerie sous ses ordres viennent de quitter Laon, se dirigeant par étapes sur La Fère, Tergnier et Paris. Le matériel pour les transports n'est pas arrivé. Le général espère en trouver à La Fère et à Tergnier. D'après avis du commandant de place de Soissons, les communications de cette ville seraient menacées. Rien de nouveau à Laon ni dans les environs immédiats[4].

Le départ du général Vinoy et de toutes les troupes de l'armée active, y compris le seul officier restant à Laon en dehors du général Théremin d'Hame, le capitaine du génie Vauthier, n'est pas sans provoquer une très vive émotion, encore accrue par certaines circonstances[5]. L'employé du télégraphe annonce « que

1. Dép. télégr., sans heure, 5 septembre (G. Dupont, p. 163). A la même date, M. Ferrand recommande instamment aux sous-préfets « de continuer à remplir les devoirs contre l'ennemi et pour le pays » (*Ibid.*, p. 164).

2. Dép. télégr., sans heure, 5 septembre, à ministres de l'Intérieur et de la Guerre (G. Dupont, p. 164). D'après É. Fleury (*op. cit.*, p. 4), trente uhlans seraient arrivés à six heures du soir à Coucy-les-Eppes.

3. Dép. télégr., 5 septembre, 10 heures 15 du soir (G. Dupont, p. 165).

4. Dép. télégr. aux ministres Intérieur et Guerre, 8 heures 40 du matin (G. Dupont, p. 166). Cette dépêche se croise avec une autre du ministre de l'Intérieur au préfet (8 heures 59 du matin) : « Nous venons de charger le ministre des Travaux publics d'envoyer matériel à Laon » (G. Dupont, p. 167).

5. D'après É. Fleury (*op. cit.*, p. 4), un « immense convoi » de munitions,

l'ennemi arrive à Laon » et Vinoy télégraphie au préfet pour
s'en assurer[1].

Cet émoi gagne le bataillon de mobiles, où règne déjà un grand
désarroi. Le voisinage d'une population apeurée, l'absence de
cadres sérieux expliquent assez ce résultat. Les choses vont si
loin que le préfet télégraphie :

> Une partie de la garde mobile de Laon, encore peu disciplinée,
> refuse d'entrer à la citadelle (et) prétend qu'elle veut aller à Paris ;
> (elle) devient ainsi un sujet de complication et de démoralisation dans
> la ville, où nous n'avons plus aucune troupe, aucune gendarmerie. Je
> crois, dans les circonstances actuelles, que l'intérêt public serait de gar-
> der à la citadelle les mobiles de résolution, de laisser les autres partir
> pour Paris. Je n'aperçois aucune autre solution. Je répète que Laon ne
> possède aucune force. Je ne saurais trop appeler aussi l'attention
> immédiate sur les bataillons de mobiles qui sont à La Fère, à Guise, à
> Villers-Cotterets. Il semble que, sous tous les rapports, il serait préfé-
> rable de les appeler à Paris. Nulle part on ne les maintiendrait plus
> difficilement que près de leurs propres familles, que beaucoup consi-
> dèrent comme en danger[2].

Cette clairvoyance et cette décision font honneur au préfet de
l'Aisne. L'avenir prouvera, en effet, la justesse de ses prévisions
et aussi l'imprudence commise en laissant à portée de leurs foyers
des gardes mobiles que trop de liens y tiennent attachés. Il en
est à peu près de même pour les recrues de la classe 1870 ; des

de bestiaux, de grains fut abandonné à la gare et pillé par des traînards
auxquels se joignirent des gens sans aveu. Le maire de Laon fit monter à la
citadelle des avoines et des caissons de munitions ; quatre-vingt-dix bœufs res-
tèrent dans un champ, où l'ennemi les trouva bientôt.

1. « Tout mon monde est-il parti ? L'employé du télégraphe perd la tête et
nous annonce que l'ennemi arrive à Laon. Cela n'est pas possible. Dites-moi
ce que vous en pensez. J'attends la réponse au télégraphe » (dép. télégr., sans
heure, G. Dupont, p. 167). On pourrait déduire d'un télégramme du préfet aux
ministres de l'Intérieur et de la Guerre, daté de 10 heures 35 du soir et por-
tant réception du télégramme du général Vinoy, que ce document serait arrivé
dans la soirée. Mais, de la comparaison des divers télégrammes partis de Laon
le 6 jusqu'à la démonstration d'un peloton prussien dont nous allons parler, il
résulte que l'heure du télégramme de 10 heures 35 du soir est fausse et qu'il
convient de la reporter avant quatre heures. A 1 heure 15 du soir, d'après un
télégramme du préfet au ministre de l'Intérieur, il n'y a « rien de nouveau sur
l'approche de l'ennemi, ni à Laon ni dans les arrondissements » (dép. télégr.,
G. Dupont, p. 167-168).

2. Dép. télégr., sans heure, aux ministres de l'Intérieur et de la Guerre
(G. Dupont, p. 168).

formalités administratives ne permettront de les lever qu'en présence de l'ennemi, au prix de grandes difficultés[1].

Du Conseil municipal, non seulement le général et le préfet ne tirent aucun secours, mais ils trouvent en lui une résistance opiniâtre à toute idée de défense. Après s'être déclaré en permanence, il redouble ses protestations contre les dangers que court la ville et en arrive à voir des ennemis dans les représentants du gouvernement. Il leur signifie que, « la France abandonnant Laon, Laon n'a plus qu'un devoir, celui de pourvoir, selon ses moyens, à sa propre sécurité »[2]. Il décide même qu'un manifeste conforme à cette résolution sera publié et affiché.

Une pareille décision est évidemment injustifiable. Si le général Théremin d'Hame n'était dépourvu de tout moyen d'action, elle exposerait le Conseil municipal à une sévère répression. Pour en arrêter l'effet, le préfet est réduit à insister de la façon la plus pressante auprès du Conseil. Il est enfin écouté et peut en informer le gouvernement[3].

De son côté, le général a mis au courant de la situation le ministre de la Guerre, en réclamant ses ordres. Enfin le rédacteur du *Courrier de l'Aisne* a écrit à Gambetta une lettre particulière dans le même but[4]. Par une série de télégrammes, le ministre de l'Intérieur précise le rôle du préfet. Le premier, daté d'une heure du soir, l'invite à tenir jusqu'au dernier moment à Laon et à se replier dès qu'il craindra d'être pris. Le second, de 6 heures 41 du soir, est ainsi conçu : « Restez à votre poste. Vous avez toute notre confiance. Le gouvernement vous est reconnaissant de votre noble attitude devant l'ennemi[5]. » Ces

---

1. Dép. télégr., 6 septembre, 5 heures 15 du soir, le préfet à ministres Intérieur et Guerre (G. Dupont, p. 169).

2. *Courrier de l'Aisne*, n° du 9 au 18 septembre 1870 ; É. Fleury, *op. cit.*, p. 5. Le même jour, le Conseil décide que les postes fournis par la garde mobile et la garde nationale aux portes de la ville seront supprimés. L'approche d'un peloton de uhlans ayant été signalée, une grande partie du poste de la porte de Vaux s'enfuit ; il n'y reste que cinq hommes (dép. télégr. du général commandant la 4° division militaire au ministre, cinq heures du soir, *Revue d'histoire*, 1908, t. II, p. 154).

3. Dép. télégr., le préfet à ministres Intérieur et Guerre, 6 septembre, sans heure : « J'apprends communication adressée par le général. Sur observations de moi, le Conseil municipal de Laon a expressément informé et annulé ce qu'il avait un instant précipitamment décidé. Il n'y a eu aucune publication » (G. Dupont, p. 171).

4. G. Dupont, p. 62 ; *Courrier de l'Aisne, loc. cit.*

5. G. Dupont, *op. cit.*, p. 172.

quelques mots font autant d'honneur à Gambetta qu'à M. Ferrand. Enfin, dans le troisième télégramme, de 9 heures 13 du soir, le ministre de l'Intérieur l'invite à exécuter les instructions que va lui envoyer son collègue de la Guerre[1]. Nous verrons plus tard à quoi correspond cette recommandation.

Jusqu'alors, les nouvelles de l'ennemi sont très peu précises. « On annonce un parti de cavalerie... à quelques kilomètres de Laon, qui serait suivi du corps prussien signalé depuis quelques jours dans les environs de Château-Porcien et de Neufchâtel. » Mais le préfet croit, « pour le moment, à de la crainte plutôt qu'à de la réalité ». Il fait et fera jusqu'au dernier moment tout ce qui est en son pouvoir pour l'honneur et pour le pays. « Lorsque les Prussiens seront à Laon », écrit-il, « ma femme se retirera à l'Hôtel-Dieu. Quant à moi, je resterai tant que je pourrai... Je serai en mesure, alors encore, de remplir des devoirs »[2]. Cette dépêche est à peine envoyée que l'ennemi est signalé aux portes mêmes de Laon.

* * *

Les IIIe et IVe armées allemandes ont en effet commencé leur mouvement sur Paris. Le 4 septembre, la 6e division de cavalerie cantonnait à Château-Porcien, le 6e corps sur la Suippe, plus en arrière. Le lendemain, tandis que ce corps d'armée atteignait Reims et la 5e division de cavalerie Neufchâtel, la 6e division demeurait à Château-Porcien. Dès le 4, elle avait jeté vers Laon un peloton du 16e hussards, chargé, d'après un ordre du grand quartier général, de ramener prisonnier le préfet, accusé d'exciter les populations à la résistance. Mais ces cavaliers ne purent dépasser Eppes, occupé par la compagnie de mobiles revenue de Guigincourt, et rentrèrent le matin du 5 à Château-Porcien, rendant compte que, d'après les habitants, un camp français est dressé au pied de la montagne de Laon.

Malgré cette circonstance, la 6e division se bornait à détacher vers Laon un nouveau peloton, celui-ci du 15e uhlans. Le 5, dans la soirée, il trouvait Eppes évacué et y bivouaquait. Le 6 au matin, il se rapprochait de Laon et rencontrait une ambu-

1. G. Dupont, *op. cit.*, p. 170.
2. *Ibid.*, p. 169, dép. télégr. datée par erreur de 10 heures 35 du soir, mais d'une heure moins avancée.

lance volontaire qui se rendait sur le champ de bataille de Sedan. Son chef lui déclarait que, selon toute apparence, le commandant de place se rendrait sans combattre. La citadelle n'était armée que de vingt pièces et les mobiles avaient ordre de ne pas tirer[1].

Vers quatre heures du soir, le peloton se montre en vue de la ville, s'engage de son pas le plus tranquille dans le faubourg de Vaux, le traverse, puis, arrivé au bas de la rampe qui conduit à la porte de ce nom, la gravit au trot et pénètre dans la ville. Mais aussitôt quelques-uns des mobiles du poste essaient de fermer la porte; d'autres tirent sur les hardis cavaliers. Ceux-ci parviennent néanmoins à se faire jour, laissant trois hommes entre les mains des mobiles. L'un de ceux-ci est blessé par une balle perdue, venant sans doute d'un camarade[2].

Pendant que le reste du peloton redescend la rampe de Vaux au galop de charge, les trois cavaliers sont conduits à l'hôtel de ville. Ces prisonniers se croient déjà perdus; le moins qu'ils craignent est d'être fusillés. « L'un d'eux se lamentait et faisait entendre qu'il était du duché de Holstein, marié et père de trois enfants. » On se hâte de les rassurer; ils n'ont pas reçu la moindre blessure[3].

Interrogés, ils répondent qu'ils appartiennent à un corps d'infanterie, de cavalerie et d'artillerie qui s'est arrêté à une certaine distance du côté de Sissonne, fait d'ailleurs inexact. On apprend ensuite que la reconnaissance s'est repliée à huit kilomètres dans cette direction[4].

Jusqu'alors, le ministre de l'Intérieur n'a rien répondu à l'offre de démission formulée par le préfet. Le 6, sans doute après avoir reçu avis de l'apparition des Allemands sous Laon, Gambetta lui télégraphie de rester à son poste, ajoutant qu'il a toute la confiance du gouvernement[5]. Le lendemain, tout en remerciant le grand orateur de son « bienveillant télégramme », M. Ferrand

1. *Revue d'histoire*, 1908, t. II, p. 156, d'après l'historique du 15ᵉ uhlans.
2. *État-major prussien*, t. III, p. 24; G. Dupont, *op. cit.*, p. 64.
3. L'État-major prussien porte qu'ils étaient blessés, sans doute pour embellir cet incident, mais le fait est inexact (voir un télégramme du préfet aux ministres de l'Intérieur et de la Guerre, 6 septembre, quatre heures du soir, G. Dupont, p. 171).
4. G. Dupont, *op. cit.*, p. 65; dép. télégr. citée; dép. télégr., le préfet à ministre de l'Intérieur, 7 septembre, 10 heures 55 du matin (G. Dupont, p. 173).
5. Dép. télégr., 6 septembre, 6 heures 41 du soir (G. Dupont, p. 172). Voir *supra*, p. 35.

maintient sa décision dans les termes les plus dignes : « ... Aucun gouvernement n'a avantage à avoir des fonctionnaires, des préfets surtout, ne se préoccupant que de leur place. Je perdrais l'estime des honnêtes gens, la vôtre, toute autorité morale, s'il n'était constaté que j'ai donné ma démission et que je reste en fonctions pour remplir les devoirs qu'imposent les circonstances[1]. »

Il est à supposer que le ministre de l'Intérieur a donné l'ordre de faire entrer la garde mobile de l'Aisne dans les places de Laon, La Fère et Guise[2], de façon à empêcher sa désorganisation et à « créer » la discipline. C'est du moins ce qu'il est permis de conclure d'un télégramme qu'envoie le préfet à 10 heures 55 du matin. Mais il est déjà bien tard pour enlever ces mobiles au contact néfaste de la population. Dans celle-ci, le sentiment dominant est une extrême anxiété au sujet de l'invasion. Surtout dans les campagnes, il y a plus d'abattement que de ressort, mais la tranquillité est complète, sans l'ombre d'enthousiasme pour le nouvel ordre de choses aussi bien que pour la défense du pays. A Saint-Quentin seulement, le Conseil municipal a voté une adresse d'adhésion au gouvernement du 4 septembre. Dans les autres chefs-lieux, l'attitude est expectante[3].

La crainte de l'invasion est telle qu'elle conduit aux actes les moins raisonnés. Une forte agglomération de gens de campagne se produit dans la forêt de Villers-Cotterets, où ils gardent, dit-on, « 30,000 bœufs et plus de 15,000 moutons », non pour les abriter sous Paris, ce qui se concevrait, mais pour échapper ainsi aux réquisitions de l'ennemi, ce qui ne sera pas. Gambetta en avise les préfets de l'Aisne et de l'Oise, les invitant à prendre « les mesures qui leur paraîtront les plus convenables »[4], recommandation un tant soit peu naïve, de nature à fort les embarrasser. Il confirme à M. Ferrand « l'entière confiance qu'inspire au gouvernement de la Défense nationale sa noble attitude devant l'ennemi ». Il ajoute : « Vous avez un poste de combat, vous

---

1. Dép. télégr., 7 septembre, 7 heures 45 du matin (G. Dupont, p. 172).
2. Elle est alors répartie entre Laon, La Fère, Crépy, Guise et Vervins (dép. télégr., 7 septembre, 10 heures 55 du matin, G. Dupont, p. 173).
3. Dép. télégr., le préfet au ministre de l'Intérieur, 7 septembre, 12 heures 30 du soir (G. Dupont, p. 173).
4. Dép. télégr., 7 septembre, 5 heures 40 du soir (G. Dupont, p. 174).

n'êtes pas homme à l'abandonner pour des considérations d'ordre politique[1]. »

Sur les entrefaites, le *Moniteur universel*, jadis journal officiel, actuellement organe conservateur indépendant, apporte à Laon un prétendu télégramme du préfet, dans lequel il aurait annoncé que la ville « est en complet état de défense et que la République est acclamée dans tout le département avec enthousiasme ». Bien que, de par son origine, cette dépêche ne puisse, semble-t-il, être imputée au gouvernement, le préfet de l'Aisne s'en montre vivement ému. Craignant d'avoir perdu ainsi « toute autorité morale », il insiste de toutes ses forces pour qu'une rectification expresse soit insérée au *Journal officiel* et pour que sa démission soit acceptée le jour même. Il répète que la prolongation de son séjour à Laon tient uniquement à l'approche de l'ennemi[2]. Le gouvernement ne peut faire autrement que de s'incliner devant cette demande[3]. D'ailleurs, l'arrivée des Allemands va clore brusquement cet échange de correspondances dans lesquelles un commun sentiment de patriotisme ne dissimule qu'incomplètement de profondes divergences politiques.

On a vu la lenteur des mouvements de la 6e division de cavalerie depuis le 5 septembre, combien sa manière de faire semble illogique dans un pays qui ne présente aucune difficulté spéciale et en l'absence de toute cavalerie adverse. Pourtant les reconnaissances prussiennes produisent sur les populations un effet d'intimidation dont il est intéressant de noter les résultats d'après les témoins[4]. Dans ces impressions, on doit évidemment faire la part des exagérations dues aux circonstances. Il en reste néanmoins que la vue des cavaliers ennemis, loin de surexciter les sentiments patriotiques de la population, lui inspire une terreur

---

1. Dép. télégr., ministre de l'Intérieur à préfet à Laon, 8 septembre, 3 heures 31 du soir (G. Dupont, p. 174). M. Dupont ajoute, en note, que plusieurs dépêches de ce jour n'ont pu être retrouvées. Il manque, en outre, la série à peu près complète des télégrammes échangés entre le général Théremin d'Hame et le ministre de la Guerre, télégrammes qui aideraient puissamment à comprendre la situation.

2. Dép. télégr., préfet démissionnaire à ministre de l'Intérieur, 8 septembre, huit heures du soir (G. Dupont, p. 175).

3. Dép. télégr., ministre de l'Intérieur à préfet de l'Aisne, 8 septembre, 8 heures 40 du soir (G. Dupont, p. 175).

4. Ernest Lavisse, *l'Invasion dans l'Aisne*, p. 15-17.

peu mesurée. La défense de Laon va en être singulièrement
abrégée.

A plusieurs reprises, le général Théremin d'Hame a signalé sa
triste situation au ministre de la Guerre, lui demandant soit un
renfort de deux mille hommes de troupes régulières, soit l'autorisation de gagner Soissons[1]. Le 7, à une heure de l'après-midi,
la réponse suivante lui parvient : « Si vous ne croyez pas pouvoir tenir, retirez-vous sur Soissons. » En même temps, le préfet reçoit du ministre de l'Intérieur le télégramme ci-après :
« Concertez-vous avec l'autorité militaire du département pour
la destination à donner à la garde mobile de Laon, La Fère,
Guise et Villers-Cotterets[2]. »

« Depuis deux jours », le général est convaincu qu'il ne peut
tenir. Il sait « l'arrivée du duc de Mecklembourg et de son corps
d'armée (la 6e division de cavalerie) dans les environs » ; on lui
annonce « le corps du prince de Saxe » (la IVe armée?). Il fait
donc rapidement ses préparatifs de départ pour se retirer sur
Soissons, lorsqu'un parlementaire lui est annoncé vers quatre
heures du soir[3]. Il s'agit d'un lieutenant, qui demande, au nom
du roi de Prusse, la reddition de la citadelle et de la ville. Inter-
rogé sur les conditions qu'il propose, il répond qu'il n'en accep-
tera aucune. Comme le préfet, présent à l'entretien « et sentant
l'humiliation et la colère le serrer à la gorge », lui fait observer
qu'il ne paraît pas porteur de pouvoirs réguliers, il répartit avec
hauteur qu'un officier prussien n'en a nul besoin et qu'il doit être
cru sur parole. Le général, pour clore l'entretien, se borne à renvoyer sa réponse au lendemain à la même heure[4]. Mais il déduit
à tort de cet incident l'impossibilité d'effectuer la retraite qu'il

1. Lettre de Mme Le Levreur, 17 septembre 1907.

2. Notes inédites du général Théremin d'Hame. D'après la lettre citée de
Mme Le Levreur, le premier de ces télégrammes aurait été intercepté, dit-on,
par le préfet pendant vingt-quatre heures, afin qu'il ne restât pas seul à Laon
si le général se retirait sur Soissons. Cette hypothèse ne paraît pas justifiée.
D'après E. Fleury (op. cit., p. 5), le préfet aurait donné lecture au maire, en
présence de plusieurs conseillers, de la dépêche du ministre de la Guerre au
général.

3. Notes inédites du général Théremin d'Hame. Le lieutenant Rohr, du
15e uhlans, avec son peloton, est parti de Château-Porcien dans la nuit du 6
au 7 avec ordre de sommer Laon. La 6e division a quitté Château-Porcien
dans la matinée du 7 pour se porter vers Saint-Quentin et Sévigny, à l'est
de Laon.

4. G. Dupont, op. cit., p. 69.

projetait : « Dès lors, je ne pouvais plus partir, la ville était entourée[1]. » Il est d'ailleurs probable qu'une autre considération l'empêche de suivre sa première idée.

En effet, après le départ du parlementaire, il discute avec M. Ferrand la conduite à tenir, en lui donnant connaissance, alors seulement, de la dépêche l'autorisant à se retirer sur Soissons. Le préfet l'engage, dit-on, très vivement à effectuer cette retraite sans délai. Mais le général croit devoir, au préalable, prendre les ordres du ministre de la Guerre en rendant compte de la sommation qu'il vient de recevoir[2]. Deux heures après, la réponse parvient à la préfecture et M. Ferrand la porte lui-même à la citadelle : « Je ne comprends pas votre télégramme; vous devez tenir jusqu'à votre dernier biscuit, votre dernier boulet, votre dernier soldat[3]. » Entre ce document et le précédent, la contradiction est manifeste. Il paraît impossible que tous deux proviennent du même auteur. En outre, on doit dire que, s'adressant au commandant de la citadelle de Laon, dans les conditions que l'on sait, sans aucun moyen sérieux de défense, une pareille injonction est purement absurde. En la formulant, le ministre a cédé au besoin de phraséologie alors si répandu et qui conduisait au même instant Jules Favre à lancer son fameux : *pas un pouce de notre territoire, pas une pierre de nos forteresses*, engagement solennel que lui-même devait violer moins de cinq mois après. Mais les phrases n'ont jamais tenu place des faits. En présence de la réponse du ministre, le général Théremin d'Hame ne peut que s'incliner. Il va donc essayer de se défendre.

En rentrant dans la citadelle, le général a prescrit quelques mesures de défense qui donnent l'éveil aux mobiles. Par suite d'indiscrétions coupables, ils connaissent les termes de la dernière dépêche du ministre et s'empressent, dès le matin du 8, de les répandre dans la ville. Un certain nombre gagnent même la campagne; d'autres, restés dans la citadelle, y ont « une attitude de moins en moins en rapport avec le rôle » que le gouvernement voudrait leur imposer.

Dans une grande partie de la population, l'ordre venu de Paris provoque « une explosion de terreur indignée, un véritable affo-

---

1. Notes inédites du général Théremin d'Hame.
2. G. Dupont, *op. cit.*, p. 70.
3. G. Dupont, *op. cit.*, p. 70. M. Dupont ne reproduit pas le télégramme en question aux pièces justificatives de sa plaquette.

lement »[1]. On fait courir les bruits les plus exagérés sur les forces
de l'ennemi[2]. On signale préfet et général comme les auteurs res-
ponsables des dangers suspendus au-dessus de la ville. Le Conseil municipal[3], suivi d'un certain nombre de citoyens, se rend à
la préfecture. A la tête de cette députation figure un conseiller
qui, depuis le début de ces événements, s'est donné la mission de
représenter les intérêts de la ville. Sur un ton que les circonstances ne sauraient excuser, il s'adresse au préfet, lui reprochant
en termes peu mesurés de n'avoir cessé de faire « du mystère et
de la confiance »; d'avoir, par sa circulaire du 28 août, dont les
Allemands vont bientôt lui faire un crime, eux aussi, en annonçant que Laon était prêt et qu'il donnerait l'exemple, induit en
erreur le gouvernement et provoqué les ordres de la veille.

Avec un calme méritoire, M. Ferrand répond que personne
n'a pu prévoir la marche des derniers événements; sa circulaire
du 28 août n'avait en vue uniquement qu'un parti de cavalerie
ou des coureurs à repousser, ainsi que cela s'est fait le 7 septembre. Quant aux communications adressées au gouvernement,
elles ont été absolument complètes, ne laissant dans l'ombre
aucun point de la situation. Néanmoins, malgré l'état de la citadelle et de la ville, le pouvoir central a exigé, sans doute pour
des motifs d'ordre supérieur, que la citadelle résistât, et le général n'a pu que s'incliner. M. Ferrand ajoute que, bien que démissionnaire, il ne quittera pas la préfecture tant que sa présence
y sera utile et possible. Au surplus, il va informer le ministre de
la démarche faite auprès de lui et attendra ses ordres définitifs.
Le Conseil municipal a d'ailleurs toute latitude pour faire parvenir également à Paris ses appréciations et ses vœux[4].

En arrivant, les assistants ont cru voir dans la cour des pré-

1. G. Dupont, *op. cit.*, p. 72. M. Dupont ne mentionne que « les quelques
personnes déjà péniblement impressionnées », mais il ressort des faits qui
suivent que ces sentiments furent ceux d'une forte proportion, sinon de la
majorité de la population.

2. Un télégramme du préfet au ministre de l'Intérieur, 8 septembre,
dix heures du soir, mentionne trois divisions parties de Rethel, de Château-
Porcien et de Reims, avec une avant-garde aux environs de Sissonne
(G. Dupont, p. 176).

3. E. Fleury, *op. cit.*, p. 5. G. Dupont écrit (*op. cit.*, p. 72) « quelques
conseillers municipaux ». Mais tout indique que ces conseillers représentent
le Conseil.

4. G. Dupont, *op. cit.*, p. 74.

paratifs de départ. Une voiture est attelée; on dit qu'une autre est commandée chez un loueur. Il n'en faut pas plus. On commente ardemment cette fuite prochaine et l'on s'écrie qu'il faut empêcher le préfet de quitter la ville après l'avoir exposée aux pires dangers. Le bruit court bientôt qu'on l'a arrêté à la porte Saint-Martin et ramené comme un criminel à l'hôtel préfectoral[1]. Ces menus faits donnent la mesure de l'union qui existe entre l'administration et la population du chef-lieu dans un moment où elle serait indispensable.

Quant au préfet, après avoir rédigé une dépêche mettant le gouvernement au courant de la situation[2], il se rend, accompagné d'un conseiller de préfecture, à l'hôtel de ville, où le Conseil municipal est assemblé, et lui donne lecture de son télégramme. Il ajoute que, ne voulant point passer aux yeux de ses anciens administrés pour s'être livré à de l'exagération et tenant, au contraire, à ce qu'ils soient bien convaincus qu'il s'est borné à se conformer aux instructions du gouvernement, il leur communique la circulaire du 2 septembre menaçant les fonctionnaires du Conseil de guerre s'ils montraient de la faiblesse dans l'exécution de leur tâche[3]. A ce mot de Conseil de guerre, on feint de ne pas comprendre à qui s'adresse la menace du ministre. Le conseiller qui s'est fait le porte-paroles des intérêts menacés interrompt brusquement la lecture, s'écriant que le préfet veut le traduire devant la justice militaire, mais qu'elle ne l'épouvante pas et qu'il est prêt à comparaître devant elle. D'autres joignent leurs protestations aux siennes, déclarant qu'ils ne veulent pas abandonner leur collègue et qu'ils se sacrifieront comme lui, en holocauste, au bien de la cité. Toute cette scène est des plus violentes[4]. Après l'avoir subie, M. Ferrand regagne la préfecture avec la conviction qu'il s'est créé des inimitiés profondes dans

1. E. Fleury, *op. cit.*, p. 5; G. Dupont, *op. cit.*, p. 74. En réalité, la calèche vue dans la cour contenait des paquets de linge et une caisse d'argenterie destinés à être transportés à l'Hôtel-Dieu, où Mme Ferrand se proposait de prendre asile à l'arrivée de l'ennemi (dép. télégr. du 6 septembre, 10 heures 35 du soir, aux ministres Intérieur et Guerre, dans G. Dupont, *op. cit.*, p. 169).

2. D'après G. Dupont, *op. cit.*, p. 75, ce télégramme serait celui que nous reproduirons plus loin et qui paraît de la nuit du 8 au 9. Mais ce document est évidemment rédigé après la venue du second parlementaire dont nous allons parler.

3. G. Dupont, *op. cit.*, p. 75.

4. G. Dupont, *op. cit.*, p. 76; E. Fleury, *op. cit.*, p. 5.

certaines couches de la population. Il faut ajouter que toutes ne pensent pas ainsi. Sur la place de l'hôtel de ville, le préfet impérial doit traverser des groupes compacts d'ouvriers, avec lesquels il échange quelques mots. Il peut constater parmi eux « un désintéressement, une dignité naturelle et une énergie » qui font complètement défaut aux bourgeois du Conseil municipal[1].

Celui-ci se hâte de télégraphier à Paris et d'y envoyer trois délégués chargés de solliciter le retrait du dernier ordre envoyé au général Théremin d'Hame. Ses démarches restent tout d'abord sans succès, et, à plusieurs reprises, le ministre de l'Intérieur manifeste une approbation entière du rôle de M. Ferrand[2].

Sur les entrefaites, une brigade de cavalerie, la 15e, et une batterie à cheval ont été portées de Saint-Quentin sur Athies[3], et leur apparition achève le désarroi des prétendus défenseurs de Laon. On exagère complaisamment leurs forces : « ... On apercevait des remparts », écrit un témoin, « une grande agglomération de troupes à quelques kilomètres de la ville, dans la direction d'Athies ; on distinguait ses lignes, ses tentes (?), ses avant-postes... »[4].

Dans l'après midi, un nouveau parlementaire se présente à la porte de Vaux : c'est le colonel von Alvensleben, du 15e uhlans. Conduit à la citadelle, il remet au général Théremin d'Hame une sommation signée du duc de Mecklembourg. Elle porte que, dans un délai de dix-huit heures, la ville de Laon devra se rendre et livrer ses vivres, ses munitions, son matériel. Le général, les officiers et les troupes régulières seront prisonniers de guerre ; les mobiles remettront leurs armes, ainsi que la garde nationale, et seront « lâchés ». Le délai expiré, si la reddition n'est pas accomplie, la ville sera brûlée[5].

On prend cette menace au sérieux, bien qu'elle soit ridicule de la part de troupes où figure une seule batterie à cheval. Le général Théremin d'Hame fait entendre une protestation énergique, rappelant que la ville est ouverte, que l'ennemi peut y pénétrer sans être exposé au feu de la citadelle et même sans en être aperçu. Le parlementaire répond « poliment et froidement » qu'il n'a pas

---

1. G. Dupont, *op. cit.*, p. 76.
2. Dép. télégr. du 8 septembre, 3 heures 31 et 8 heures 40 du soir (G. Dupont, p. 174-176).
3. Le matin du 8 (*État-major prussien*, t. III, p. 24).
4. G. Dupont, *op. cit.*, p. 77.
5. G. Dupont, *op. cit.*, p. 78.

à discuter les ordres de ses chefs et que ces ordres seront rigou-
reusement exécutés[1]. Ce naïf procédé d'intimidation va réussir,
grâce à la faiblesse d'une partie de la population et à l'indisci-
pline des mobiles.

En quittant la citadelle, Alvensleben est prié de se rendre à
l'hôtel de ville, démarche incorrecte au plus haut point, mais
qu'il fait volontiers puisqu'elle aidera au succès de sa mission.
Le Conseil municipal lui demande instamment de séparer le sort
de la ville de celui de la citadelle. L'officier prussien répond
naturellement par une fin absolue de non-recevoir. Il n'a pas à
négocier avec une municipalité, mais avec le général qui commande à Laon. C'est au Conseil municipal d'agir sur le gouvernement ou sur son représentant.

A la suite de cet entretien, le maire, M. Vinchon, envoie au
ministre de la Guerre une nouvelle dépêche encore plus affolée :
« L'armée (*sic*) du grand-duc (*sic*) de Mecklembourg entoure
Laon et somme la place de se rendre. Si la reddition n'est pas
effectuée demain avant dix heures du matin, Laon subira le sort
de Strasbourg[2]. »

Ce document indique assez l'état des esprits. La désertion continue de plus belle parmi les mobiles. La garde nationale rend
ses armes à l'hôtel de ville, sur l'ordre du maire. Quant à la
population, elle est en proie à l'épouvante et à la colère. Les
têtes se montent si bien qu'on projette de mettre le général Théremin d'Hame dans l'impuissance de résister. Vers cinq heures, le
bruit se répand qu'il est allé prendre son repas à l'hôtel du Che-
vreuil. Il y est aussitôt cerné et menacé de séquestration s'il persiste à vouloir se défendre. Pendant plus d'une heure, cette scène
inqualifiable se prolonge et il faut plusieurs compagnies de
mobiles pour le dégager[3].

---

1. G. Dupont, *op. cit.*, p. 78. D'après l'*État-major prussien* (t. III, p. 24),
le général demande encore un répit de vingt-quatre heures pour avoir le temps
de réclamer des ordres à Paris.

2 E. Fleury, *op. cit.*, p. 6. D'après la *Revue d'histoire*, 1908, t. II, p. 159,
ce télégramme est adressé à 7 heures 20 au général Trochu.

3. Les écrivains locaux, M. G. Dupont (*op. cit.*, p. 80) et M. E. Fleury (*op.
cit.*, p. 6), s'attachent à réduire l'importance de cette émeute. Voici le compte-
rendu inédit du général. Il s'éloigne sensiblement de leur version :

« *Rapport au ministre de la Guerre.*

« Laon, le 9 septembre 1870.

« Mon général, hier, après le départ du plénipotentiaire chargé de demander

Il est à peine rentré dans la citadelle que les mêmes mobiles s'attroupent sous les fenêtres de son pavillon, criant qu'ils ne veulent pas se défendre, qu'ils ne monteront plus sur les remparts. Ils veulent qu'on leur ouvre les portes pour qu'ils puissent rentrer chez eux. Deux cents à peu près, logés dans les casemates, parviennent à ouvrir une poterne et gagnent les champs. Il y en aurait bien davantage si le pont-levis n'était levé en permanence[1]. Cet incident, joint au précédent, ne peut laisser aucune illusion au malheureux général.

Vers deux heures du matin seulement, il reçoit ce télégramme du ministre de la Guerre : « Agissez devant la sommation selon

une capitulation, je suis sorti de la citadelle afin de me rendre à l'hôtel de la subdivision. Quelques instants après, la rue était envahie, la maison entourée par une foule énorme qui criait qu'il fallait enlever le général, ce qui se disait du reste depuis quelques jours, pour le confiner à la mairie, afin de le forcer à rendre la citadelle. Pendant plus d'une heure, je n'ai pu sortir, et ce n'est qu'après que quelques officiers de la mobile arrivèrent avec leurs compagnies que j'ai pu rentrer à la citadelle.

« A peine y étais-je arrivé que cette même garde mobile, après avoir remis ses armes dans les chambres, vint se rassembler sous les fenêtres de mon pavillon, criant qu'ils ne voulaient pas se défendre, qu'ils ne monteraient plus sur les remparts, qu'ils voulaient qu'on leur ouvrît les portes et s'en aller chez eux. Pendant ce temps, deux cents gardes mobiles à peu près, logés dans les casemates, avaient ouvert une poterne et sont partis dans la campagne, retournant dans leurs familles. Il y en aurait eu bien plus si le pont-levis n'était pas levé en permanence.

« Le bataillon de garde mobile caserné à la citadelle est celui de l'arrondissement de Laon, les hommes sont travaillés par les bourgeois et par les parents et amis de leur village qui viennent en ce moment tirer au sort et passer la revision et par l'affolement de la population qu'ils avaient vue en venant me chercher à l'hôtel où j'étais confiné.

« La démoralisation de cette troupe et la diminution de son effectif ne me permettent pas de faire une défense convenable devant un nombreux corps d'armée que je ne peux pas empêcher d'occuper la ville, où il ne peut être exposé au feu de la citadelle.

« Dans cette situation et en vue d'une catastrophe aussi horrible que la destruction d'une ville chef-lieu de département, où la population est actuellement très agglomérée, j'ai dû me soumettre aux dures conditions de la capitulation qui m'a été proposée.

« Je suis, etc. »

Un télégramme du préfet au ministre de l'Intérieur, neuf heures du soir, 8 septembre, fait allusion à cet incident : « Le général, auprès duquel je n'ai cessé de rester, est rentré à la citadelle entouré de ses officiers » (G. Dupont, p. 176).

1. Rapport inédit du général Théremin d'Hame au ministre, 9 septembre.

les nécessités de la situation[1]. » Il a donc toute latitude de céder
aux circonstances. D'accord avec le préfet, il rédige un projet de
capitulation. Il est convenu que cet acte sera porté le lendemain,
à 10 heures du matin, par le chef de bataillon de Chézelles au
duc de Mecklembourg[2], alors à Eppes.

* *

Le 9 septembre, à sept heures du matin, le préfet réunit les
chefs de service et les informe que la ville, ainsi que la citadelle,
sera occupée à onze heures par l'ennemi. Il les invite donc à se
retirer sur Saint-Quentin, où il les rejoindra dès que sa présence
ne sera plus utile à Laon. D'ailleurs, son successeur a déjà paru
à Soissons. Il est rentré depuis à Paris, mais reviendra sans nul
doute prochainement se faire installer officiellement. M. de Chézelles est prié d'informer le duc de Mecklembourg du départ de
ces fonctionnaires et de lui demander de n'y mettre aucun
obstacle[3].

Sur les entrefaites, un bataillon de chasseurs prussien, le 4e,
a été transporté à Eppes en voitures pour servir de repli à la
15e brigade de cavalerie; une nouvelle batterie, la 2e à cheval
du 4e régiment, s'est portée à Saint-Quentin. Le 9, à onze heures,
la 6e division ainsi renforcée est rassemblée à Eppes. Après la
venue de M. de Chézelles, le duc de Mecklembourg se dirige sur
Laon, sous une pluie battante, avec le 4e bataillon de chasseurs.
La 4e compagnie s'arrête dans le faubourg de Vaux; la 14e brigade de cavalerie se forme devant ce centre d'habitations, la 15e

1. Dép. télégr. du ministre au général et au Conseil municipal, 8 septembre,
10 heures 45 du soir (*Revue d'histoire*, 1908, t. II, p. 159).

2. G. Dupont, *op. cit.*, p. 82; E. Fleury, *op. cit.*, p. 6. D'après une lettre
inédite du général Théremin d'Hame à sa femme (21 septembre 1870), il ne
restait plus le 8 que 700 mobiles environ. Les 900 gardes nationaux avaient
été licenciés et désarmés par le maire. Il n'y avait pas 15 mobiles sur lesquels
on pût compter (notes inédites du général). D'après le même document, la
manifestation des mobiles se renouvela deux fois le soir du 8 et la nuit suivante. — Le commandant de Chézelles mérite une mention. Marie-Charles-
Henry Le Scellier, vicomte de Chézelles, était un ancien officier des Guides;
il commandait en 1870 le 2e bataillon des mobiles de l'Aisne. Après la guerre,
il eut un équipage de chasse à courre bien connu des officiers de la garnison
de Compiègne. Il mourut de maladie, ainsi que sa femme, née d'Estreux de
Maingoval, dans la nuit du 16 au 17 mars 1899.

3. G. Dupont, *op. cit.*, p. 83.

aux issues de la ville. Les 2ᵉ et 3ᵉ compagnies de chasseurs se portent sur la place du marché et, de là, font occuper les portes. La 1ʳᵉ relève nos mobiles à l'entrée de la citadelle et pénètre dans la cour, où la garnison rend aussitôt ses armes[1]. Officiers et gardes mobiles doivent être relâchés, sous la promesse de ne plus servir contre l'Allemagne pendant la durée de la guerre. Le désarmement est achevé; le duc de Mecklembourg et le général Théremin d'Hame causent près d'une table sur laquelle ils s'apprêtent à signer la capitulation; le général vient même de rendre son épée, que le duc lui a aussitôt restituée; les dernières files des mobiles vont franchir le pont-levis, quand deux formidables explosions retentissent coup sur coup. Un épais nuage de fumée et de poussière couvre la citadelle et le quartier avoisinant; la poudrière est anéantie, la caserne éventrée, un partie de Laon et du faubourg de Vaux sont en ruines. La majeure partie des assistants gisent tués ou blessés; de certaines victimes on ne retrouvera pas le moindre vestige.

Nos pertes sont beaucoup plus fortes que celles des Allemands; outre le général Théremin d'Hame, grièvement blessé à la tête, 10 officiers de mobiles sont morts sur place et 9 blessés, dont un mortellement. Plus de 200 mobiles sont tués ou disparus, 150 blessés. Plusieurs personnes ont été atteintes dans la ville et une écrasée dans le faubourg de Vaux[2]. On retrouve des débris sanglants jusque sur les toits. Quant aux Allemands, le duc de Mecklembourg est blessé ainsi que 11 officiers et 60 hommes; 3 officiers et 39 hommes ont été tués sur le coup[3].

La stupeur des témoins est d'abord extrême. Puis la vue de leurs camarades sanglants et mutilés provoque chez les Allemands une fureur soudaine. Ils fusillent les mobiles survivants, les poursuivent dans les rues et jusque dans les maisons. Le poste de l'hôtel de ville prend les armes, entoure le maire et les conseillers municipaux en les menaçant de ses baïonnettes. A ce

----

1. L'*État-major prussien*, t. III, p. 25, mentionne à ce sujet 2,000 gardes mobiles et une demi-compagnie du 55ᵉ de ligne. Dans sa correspondance inédite, le général Théremin d'Hame affirme à plusieurs reprises qu'il n'avait pas un officier, pas un soldat de l'armée active à sa disposition. Il évalue ses mobiles à 700 hommes environ.

2. E. Fleury, *op. cit.*, p. 7; G. Dupont, *op. cit.*, p. 83; E. Lavisse, *op. cit.*, p. 25. Les chiffres de M. G. Dupont sont : 11 officiers et 200 mobiles tués ou disparus; 10 officiers et 150 mobiles blessés.

3. *État-major prussien*, t. III, p. 25.

moment survient le duc de Mecklembourg, encore couvert d'une
boue liquide. Sa fureur, vraie ou fausse, est extrême. Il menace
Laon d'une vengeance « dont on se souviendra dans mille ans ».
Le maire, M. Vinchon, s'efforce de le calmer sans y parvenir.
Le préfet se présente peu après, sur l'ordre du duc, qui lui
déclare rudement qu'il est son prisonnier, qu'il y a eu trahison
et qu'elle sera réprimée. Il a déjà fait conduire le général, sous
escorte, à l'Hôtel-Dieu.

Les protestations de MM. Ferrand et Vinchon, auxquels se joint
le colonel von Alvensleben, parviennent enfin à calmer le duc.
Il finit par se rendre à l'évidence et se contente de prendre dix
otages parmi les principaux fonctionnaires et les notables de la
ville. Ils répondront, sur leur tête, de la sécurité des troupes allemandes. Le préfet et le maire s'offrent spontanément, et cet
exemple, qui rappelle d'un peu loin le souvenir héroïque d'Eus-
tache de Saint-Pierre et de ses compagnons, est bientôt suivi par
le président du tribunal civil, M. Combier, par le directeur des
contributions indirectes, M. Lemaire, et par M. de Sars. Le préfet, seul, est d'abord retenu prisonnier, puis relaxé, mais pour
peu de temps[1].

L'auteur de l'explosion paraît être le garde d'artillerie Henriot,
mais on conçoit qu'il n'ait pas été possible d'en acquérir la preuve.
D'après l'état-major prussien, « l'enquête sur cet accident mon-
tra comme vraisemblable que le garde d'artillerie Henriot, chargé
de l'administration du matériel, s'était fait sauter avec le magasin à poudre. Il n'y eut aucune preuve de complicité contre le
général Théremin d'Hame...[2]. » Aucune trace d'Henriot ne fut

1. G. Dupont, *op. cit.*, p. 88 ; lettre inédite de M. Ferrand à Mme Théremin
d'Hame, 6 décembre 1871.

2. *État-major prussien*, t. III, p. 25. Une correspondance adressée de Ver-
sailles au journal officiel le *Staats-Anzeiger* le 27 octobre 1870 se montre plus
équitable à l'égard du commandant de la subdivision de l'Aisne : « C'est aussitôt après l'explosion de la poudrière, pendant la capitulation de Laon, que
l'on a exprimé la supposition que le commandant d'alors, le général Théremin
d'Hame, avait eu connaissance de cet acte de trahison, même qu'il y avait pris
part, et même une partie de la presse française n'a pas eu honte de louer cet
acte de trahison comme un acte d'héroïsme. Mais l'enquête très approfondie
qui a été faite à la suite de cet événement a démontré la pleine innocence du
général Théremin d'Hame, et il peut être regardé comme certain que le garde
d'artillerie auquel on avait confié les clefs de la poudrière et qui a disparu
depuis ce moment a été l'auteur de cet acte. Le général Théremin d'Hame est
mort le 4 octobre, à la suite des blessures causées par l'explosion. Il est d'au-

trouvée après l'explosion, ce qui donna créance à certains bruits[1], d'ailleurs dénués de vraisemblance.

Son acte est un crime héroïque, s'il est permis d'accoupler ces deux mots. On ne saurait douter qu'il soit contraire aux lois de la guerre, puisqu'il se produit après la signature d'une capitulation, vis-à-vis d'un ennemi sans défiance. Dans ces conditions, on ne peut plaider que les circonstances atténuantes à l'égard d'Henriot, en constatant que les historiens locaux l'ont généralement traité avec une excessive sévérité[2]. La couardise étalée sans vergogne par les mobiles et par une grande partie de la population constitue la principale circonstance permettant de comprendre, sinon d'excuser, l'acte d'Henriot. Il fut écœuré de tant de faiblesse, au point d'arrêter une résolution désespérée dont il devait être la première victime. On ne peut juger froidement une décision de ce genre. Pour s'en expliquer la genèse, il faut se reporter à ces premiers jours de septembre 1870, où les événements calamiteux se succèdent constamment, où l'avenir apparaît si sombre au travers des ruines du passé. Dès lors, on comprend que certains aient vu dans la catastrophe de Laon le prélude d'une nouvelle guerre, la *Volkskricg*, la guerre du peuple, suivant la forte expression de Fritz Hoenig. Derrière l'Empire, derrière les armées régulières qui s'effondraient dans les hontes de Sedan, apparaissaient brusquement les masses populaires décidées à ne pas mourir ou, du moins, à entraîner l'ennemi dans leur chute. En somme, l'explosion de Laon marque le début de la Défense nationale. A ce titre, l'acte du soldat obscur que fut Henriot revêt un caractère de sauvage grandeur[3].

tant plus de notre devoir de publier l'état des choses et de rendre justice à l'ennemi loyal, même au delà de la tombe. » — On trouva dans la citadelle 25 canons et 200 fusils seulement, avec d'importantes quantités de poudre.

1. Une lettre de Mme Le Levreur, en date du 17 septembre 1907, porte ce qui suit : « Je sais qu'en 1896 il n'était pas mort et que le registre de l'état civil de Laon ne contient pas son acte de décès. » Une notice sur un officier de mobiles, G. de Romance, tué dans l'explosion, s'exprime ainsi : « C'était un vieux soldat buveur d'absinthe et souvent ivre... Lui-même, croit-on, escalada les remparts et put s'enfuir. » Un employé de l'hôtel de ville de Laon aurait correspondu avec lui il y a quelques années.

2. E. Lavisse, *op. cit.*, p. 27 ; G. Dupont, *loc. cit.*; E. Fleury, *op. cit.*, p. 10. M. Fleury ajoute que les Allemands auraient découvert dans les décombres les débris du corps ou au moins des vêtements d'Henriot. Des habitants, au contraire, prétendent l'avoir vu s'enfuir un peu avant la catastrophe.

3. Une plaque de marbre, dans la citadelle de Laon, porte l'inscription suivante : « A la mémoire de Henriot Dieudonné, garde d'artillerie, qui s'est

A Laon, il demeure entièrement isolé. La population, terrifiée par l'apparition de l'ennemi, par la catastrophe du 9 septembre, s'exagère grandement les forces de nos adversaires et même leur prête des qualités dont ils sont dépourvus. Ainsi M. Édouard Fleury mentionne, dans l'après-midi du 9, l'arrivée « d'un premier corps d'au moins vingt mille hommes de cavalerie, hussards, dragons, lanciers ». Il s'agit de la 6ᵉ division, c'est-à-dire de seize escadrons. Le même historien célèbre « la douceur de caractère » des Allemands, « la discipline la plus sévère » qui les anime, non moins que « leur admirable organisation ». « Les soldats, chez eux, sont silencieux, jamais agressifs, rarement exigeants. » Il est vrai qu'un correctif apparaît presque aussitôt : « Cependant on se plaint çà et là de violences, de pillages, d'exigences très dures », et que toute la dernière partie des *Éphémérides de l'Aisne* est pleine du récit d'excès de toutes sortes commis par ces soldats si doux de caractère et si disciplinés.

Le 10 septembre, M. Ferrand se disposait à aller visiter les blessés, quand il fut arrêté par ordre des autorités militaires allemandes et conduit devant le prince royal de Saxe, venu du

enseveli sous les ruines du magasin à poudre de Laon en 1870. » — Le 6 novembre 1871, le Conseil d'enquête sur les capitulations émettait l'avis ci-après :

« Considérant que le général Théremin d'Hame étant mort des suites d'une blessure produite par l'explosion du magasin à poudre qui a eu lieu après la capitulation de la place, il lui paraît superflu d'exprimer son opinion sur le blâme ou l'éloge qu'aurait mérité cet officier général, puisqu'il n'en pourra être tiré de conséquence, croit toutefois devoir dire qu'il a été placé dans une position difficile, qu'il n'avait sous ses ordres qu'un bataillon et une batterie d'artillerie de la garde nationale mobile non instruits, non disciplinés et plus disposés à la désertion qu'à la résistance ;

« Que la population, épouvantée des menaces de bombardement et connaissant la ferme résolution du général de résister, avait voulu l'arrêter et le livrer à l'ennemi ;

« Considérant qu'en capitulant le général n'a cédé qu'à l'autorisation implicitement exprimée dans la dépêche ministérielle du 8 septembre, à dix heures du soir, ainsi conçue : « Agissez devant la sommation suivant la nécessité de « la situation » ;

« Est d'avis, toutefois, qu'il est regrettable qu'avant de rendre la place le général n'ait pas fait enclouer les canons, détruire les deux millions de cartouches et les 40,000 kilos de poudre renfermés dans les magasins. »

L'explosion de la citadelle eut pour effet de rendre les Allemands beaucoup plus prudents. Le 12 septembre, le roi Guillaume écrivait de Reims à la reine Augusta : « ... Wie vorsichtig man überall und einst in Paris sein muss, beweiset die Schändlichkeit in Laon... » (Oncken, *Unser Heldenkaiser*, p. 215).

château du prince de Monaco à Marchais[1]. Le commandant de la
IVe armée ne dit pas un mot au préfet ni de l'explosion de la
citadelle ni des autres motifs qui pouvaient avoir provoqué
son arrestation. Il fit savoir simplement que M. Ferrand allait
être dirigé sur le grand quartier général à Reims et se répandit
en amères récriminations contre la France et son gouvernement[2]. Un communiqué de l'autorité allemande au *Courrier de
l'Aisne* faisait bientôt connaître les motifs de cette arrestation :
le préfet était considéré comme ayant contrevenu à la proclamation royale supprimant la conscription dans les départements
occupés et aussi comme complice de divers attentats commis dans
l'Aisne contre les soldats allemands[3]. La vraie raison était la circulaire du 28 août, par laquelle M. Ferrand essayait de galva-
niser les résistances locales, conformément aux instructions du
gouvernement.

Transféré à Reims, le 13 septembre, le préfet était introduit
aussitôt dans le cabinet de travail de M. de Bismarck :

> J'y étais à peine qu'une des portes s'est ouverte avec fracas et que
> j'ai vu apparaître, dans tous les signes d'une vive colère, un officier
> de cinquante à cinquante-cinq ans, grand, fort, à l'œil audacieux, à la
> physionomie puissante. M. de Bismarck, sans s'asseoir, m'a dit d'une
> voix très élevée « qu'il avait lu à Varennes ma proclamation du
> 28 août et qu'il avait proposé immédiatement au roi d'ordonner mon

1. Emplacements de la IVe armée du 9 au 11 septembre inclus (*État-major
prussien*, t. III, Annexes, p. 15) : *9 septembre*, quartier général, Seraincourt ;
Garde, Sévigny ; 4e corps, Montcornet ; 12e corps, Château-Porcien ; 5e division
de cavalerie, Beaurieux ; 6e division, Laon. — *10 septembre*, quartier général, Marchais ; Garde, Sissonne ; 4e corps, Notre-Dame-de-Liesse ; 12e corps,
Neufchâtel ; 5e division, Braisne ; 6e division, Laon. — *11 septembre*, quartier
général, Marchais ; Garde, Craonne ; 4e corps, Laon ; 12e corps, Cormicy ;
5e division, Braisne ; 6e division, Coucy-le-Château.

2. G. Dupont, *op. cit.*, p. 91.

3. *Courrier de l'Aisne*, n° du 9 au 18 septembre 1870 : le *Courrier de
Champagne* a reçu de l'autorité prussienne le communiqué suivant : « Le préfet de Laon, arrêté en vertu de la proclamation royale qui supprime la conscription dans les départements occupés par les troupes allemandes, va être
transporté à Coblentz, où, en même temps, il aura à rendre compte à un tribunal militaire de sa qualité d'auteur ou de complice de différents attentats
commis, dans le département de l'Aisne, contre des soldats allemands par des
individus qui n'appartiennent pas à l'armée française » (suit la copie littérale
de la circulaire du 28 août). — D'après M. G. Dupont (*op. cit.*, p. 93), l'arrestation de M. Ferrand aurait été décidée à Varennes, au grand quartier général, dès la réception de la circulaire du 28 août (voir également, dans ce sens,
les notes de M. Ferrand, *Ibid.*, p. 101).

arrestation; qu'il n'admettait pas que les préfets s'occupassent de la guerre; que la résistance civile était criminelle; qu'il saurait l'étouffer; que j'allais être conduit à la forteresse d'Ehrenbreitstein et que j'y répondrais devant une cour martiale des sévices exercés par les habitants non militaires contre les armées allemandes ».

J'ai répondu que j'avais simplement rempli mon devoir; que, l'armée étant prisonnière en Allemagne ou bloquée dans Metz, il ne restait plus à la France que le patriotisme de ses habitants et qu'il incombait surtout aux préfets de faire appel à cette dernière ressource; que jamais, ni lors des invasions du premier Empire ni antérieurement, à ma connaissance, on n'avait arrêté et déféré à une cour martiale un administrateur pour un acte analogue à celui qu'il indiquait; qu'en voulant me rendre responsable de prétendus sévices exercés par les habitants contre les armées allemandes, il me semblait se mettre en dehors de la justice, de la vérité et des usages.

M. de Bismarck a répliqué, du même ton impérieux, « que la cour martiale m'entendrait et en déciderait; que j'avais, en outre, continué à Laon et dans les autres arrondissements les opérations du recrutement, malgré l'arrêté royal qui ordonnait, dans les départements envahis et sous peine de mort, qu'elles fussent immédiatement interrompues ». Et sur ces dernières paroles il est sorti en fermant bruyamment la porte[1].

En traitant avec cette brutalité un fonctionnaire dont le tort unique était de s'être conformé aux ordres de son gouvernement, le « Chancelier de fer » oubliait apparemment qu'en 1813 la Prusse et l'Allemagne avaient sanctionné sinon provoqué des procédés de guerre identiques à ceux qu'il jugeait si sévèrement chez nous : contraste coutumier chez le vainqueur et qui ne saurait surprendre de la part de M. de Bismarck.

Conduit à Coblentz et enfermé à Ehrenbreitstein, suivant les indications du Chancelier, M. Ferrand y resta jusqu'au 31 janvier 1871, date à laquelle il fut libéré après la signature de l'armistice.

Quant au malheureux général Théremin d'Hame, malgré la gravité de sa blessure et le danger personnel qu'il courait, il n'avait, après l'explosion, songé qu'à la ville et aux représailles dont elle pouvait être victime[2]. Dès son entrée à l'Hôtel-Dieu, il adressait à Mme Théremin d'Hame le billet suivant :

Ma chère amie, j'espère te faire parvenir ce mot pour te rassurer. Je suis blessé légèrement et soigné par Guipon; donc, nulle crainte de

1. Notes de M. Ferrand (G. Dupont, *op. cit.*, p. 102).
2. Lettre inédite de M. Ferrand à Mme Théremin d'Hame, 6 décembre 1871.

ce côté. Mes mobiles ont déserté en grand nombre la veille et le reste s'est mutiné pendant la nuit, refusant de se battre et se réfugiant dans les casemates. J'ai dû alors laisser entrer l'ennemi dans la citadelle ; pendant qu'il y était, la poudrière a sauté ; beaucoup de tués et de blessés. A bientôt, j'espère te revoir, mais ne bouge pas, on ne peut arriver ici.

Bonnes caresses à Gabrielle et à toi.

Je suis à l'hôpital au secret et gardé. Cela ne m'inquiète pas [1].

Le 14, après avoir résumé la douloureuse histoire de son commandement dans une lettre que l'ennemi lui permettait d'adresser à sa femme, il écrivait :

... Tous les renseignements s'accordent à dire que le feu a été mis par le garde d'artillerie. Il est seul responsable de ce honteux guet-apens, mais, pour moi, je conserverai toute ma vie le chagrin qu'un crime aussi horrible ait pu avoir lieu sous mon commandement... [2].

Le 21 septembre, il écrivait encore :

Ma chère amie, j'ai eu communication de ta lettre, où je vois que tu es tout à fait privée de renseignements sur ce qui m'est arrivé. Je suis bien fatigué et ne puis te donner des détails si longs ; mais je t'engage à te procurer le *Figaro* d'hier ou d'aujourd'hui, dans lequel a dû paraître un article envoyé par Houssaye... [3].

Je suis toujours ici prisonnier, gardé par une sentinelle, je ne sais quand on prendra un parti sur mon compte ; mais j'ai lieu de croire qu'on a admis que je n'ai en rien participé à l'explosion de la citadelle. C'est déjà assez qu'un acte de déloyauté et si contraire au droit des gens ait pu avoir lieu sous mon commandement. Ce sera un chagrin pour le reste de ma vie.

Ma blessure suit une marche régulière... [4].

Néanmoins, le général laissait entrevoir la gravité de son mal et l'étendue des souffrances qu'il lui causait. Des complications survinrent et provoquèrent son transfert à la préfecture, loin de l'air empesté de l'Hôtel-Dieu. Mais il était trop tard. Le 4 octobre, le général succombait, et ses obsèques avaient lieu le 6 à Bruyères, au pied même de la montagne de Laon qui avait vu si

1. Billet inédit.
2. Lettre inédite.
3. Sans doute M. Henry Houssaye, le futur académicien, auteur de *Waterloo*, dont le père avait une propriété à Bruyères, si nos souvenirs sont exacts.
4. Lettre inédite du général Théremin d'Hame, 21 septembre 1870.

tragiquement se clore sa carrière de soldat. Très dignement, Mme Théremin d'Hame refusait pour sa dépouille les honneurs militaires qu'offrait l'autorité allemande[1]. Celle-ci reconnaissait ainsi, tardivement, que le général n'avait pris aucune part à la catastrophe qui venait d'ensanglanter la citadelle de Laon, en modifiant du tout au tout le caractère de la guerre franco-allemande.

Ce que nous avons dit de l'attitude des habitants et du Conseil municipal montre assez qu'ils prirent une part purement négative à la défense de la ville. Leur excuse est dans l'insuffisance notoire des moyens mis à la disposition du général Théremin. Mais il convient d'ajouter que les circonstances exigeaient plus que jamais le sacrifice des intérêts particuliers au bien général. On était à la veille de l'investissement de Paris, et il n'était pas du tout indifférent que la marche des Allemands fût retardée, même d'un jour seulement. Il eût donc fallu que Laon attendît pour capituler une attaque sérieuse et ne se rendît pas devant une simple sommation. Le 8 octobre 1870, Saint-Quentin, ville ouverte, sans aucune garnison, allait opposer à l'envahisseur une résistance plus sérieuse. Il est permis de regretter que Laon n'ait pas donné le même exemple que la cité voisine et rivale.

1. E. Fleury, *op. cit.*, p. 20.

www.ingramcontent.com/pod-product-compliance
Ingram Content Group UK Ltd.
Pitfield, Milton Keynes, MK11 3LW, UK
UKHW021628090726
13657UKWH00004B/1525

9 782019 922252